11の成功例でわかる

自分で自分の介護をする本

介護ジャーナリスト
小山朝子

河出書房新社

11の体験ストーリーからひとり暮らしの〝実際〟を知る

「日常生活を送るのに誰かの手助けが必要な状態になったら、ひとり暮らしは無理」

「認知症になると金銭管理や健康管理もできなくなるから、自分ひとりで暮らせない」

あなたはそう思っていませんか。

2023年に上梓《じょうし》した前著『ひとり暮らしでも大丈夫！ 自分で自分の介護をする本』（河出書房新社刊）は、おかげさまで多くの方にお読みいただき、版を重ねるロングセラーとなっています。

「介助が必要になっても最期までひとり暮らしがしたい！」

そう願う多くの方が、前作を手にとってくださったのではないかと推察しています。

前著では自宅で受けられる医療や介護のサービス、介護の予防や住まい、最期を迎えるにあたっての備えなどについて解説しました。

その続編ともいえる本作は、生活に介助が必要でもひとり暮らしをしている人や、それを支える人の11の事例を、当事者の「感情」とともに描きました。

介護現場は人と人とがつながることで機能しています。だからこそ、ときに「そうだよね」と共感できる、人の感情を織り交ぜた実用書が書けないかという想いをかねてから抱いてきました。その想いが結実したのが本書です。

人と人、と書いたのは、私自身が長らく当事者として介護現場に身を置いてきたからです。20代でつねに見守りが必要な祖母を約10年にわたり自宅で介護をするなかで、医療や介護のスタッフのみなさんや自治体、地域福祉に携わる人との出会いがあり、そのなかで思いがけない事態が起き、悲喜こもごもの日々を過ごしました。

しかしながら、私個人の体験は普遍《ふへん》的なものではありません。より多くの人の体験を取材したいという想いは、私がジャーナリストという職業を選んだ理由のひとつであり、四半世紀以上にわたり、この職業を続けてきた原動力にもなってきました。

本書で取り上げた11の実例は、取材を通して出会った方々のお話をもとに再構成してまとめたものです。登場人物はすべて仮名にしています。

なかには、誰かの手助けが必要な状態であったり、金銭管理や会話もままならない認知症の方もいらっしゃいましたが、その人ならではの暮らしを貫き通していました。

執筆を進めながらご本人とご家族の表情や、その暮らしぶりがまるで昨日のことのように脳裏に蘇《よみがえ》りました。

読み進めると、きっと「私もこの先ひとり暮らしが続けられるかもしれない」という安心感を得られたり、勇気が湧いてくるはずです。

私自身、取材でお会いした方々の、能動的な暮らし方に心を動かされました。

とはいえ、本書は、「最期まで自宅でひとり暮らし」という選択を強《し》いるものではありません。自分が希望しても家族の判断や状況で環境を変えることを余儀なくされることもあるでしょうし、在宅での介護生活は、その環境を整えたり、わからないことがあれば自分で解決しなければならない労力も必要になるからです。

これからの介護の不安に自力で立ち向かいたいというあなたの「お守り」として、この本をそばにおいていただければうれしく思います。

なお、前著では介護保険のサービスや認知症についてなど6つのパートに分けて解説しており、本作とあわせてお読みいただくことで、より理解を深めることができるでしょう。

それでは、11のストーリーの扉を開きます。

小山朝子

【11の成功例でわかる】自分で自分の介護をする本　目次

カバーデザイン◉こやまたかこ
カバーイラスト◉ながのまみ
本文イラスト◉青木宣人

グループホームの見学にいったけれど在宅サービスを知って、ひとり暮らしを決意

「認知症かも」と思ったら、まずすべきこととは

●収集日を忘れゴミ袋が山積みに

東京近郊の市内でひとり暮らしをしている安東洋子さん（83歳）は、2年前に夫を亡くしました。洋子さんには2人の娘がおり、次女の美香さんは独身で同じ市内に住んでいることから、洋子さんの様子をうかがいに毎月実家を訪れます。

最近、美香さんから「そろそろ同居を考えてもよいのでは」と誘いを受けましたが、娘の負担になるのではないかという思いがあり、「できる限り今のひとり暮らしを続けたい」と断りました。

最近、洋子さんが気にしているのは「自分は認知症なのではないか」と感じることが増えてきたことです。

例えば、毎日の食事づくり。以前よりつくるのに時間がかかり、水を出しっぱなしにしていることに気づいてハッとすることが増えました。得意だった料理も、近頃は味付けが

かなり濃いことがあったり、はたまた鍋を焦《こ》がしてしまうことも……。

近所のスーパーへ買い物にいっても、何を買えばいいのかわからなくなってしまうのです。必要な食材を書き出しても、そのメモ自体を忘れてしまうことさえあります。

料理が億劫《おっくう》になり、出来合いの総菜で済ませることが多くなると、容器包装のゴミが増えはじめました。ところが、決められた取集日をうっかり忘れてしまうのです。

その次の週も「うっかり」ということが続き、いつしかプラスチックの容器包装が入ったゴミ袋が室内の一角を占領する事態に。

先日、実家に立ち寄った美香さんが山積みになったゴミ袋に気づき、「一度専門医を受診してみては」と促《うなが》されました。

覚悟を決めて「もの忘れ外来」を受診

洋子さんは、すぐ受診する気になれませんでしたが、美香さんの強いすすめもあり、毎日ひとりで悩んでも解決の糸口が見つからないと覚悟を決めました。

成功例1 安東洋子さんのプロフィール

- 83歳
- 軽度認知障害（MCI）
- 要支援1
- 戸建て住宅に住む
- 料理が得意

かかりつけ医にこれまでの状況を話して紹介状を書いてもらい、勇気を出して病院の「もの忘れ外来」を受診してみることにしました。

受診日には、料理で失敗が増えたことなどを、簡潔に伝えました。

問診の後、血液検査、胸部レントゲン撮影などをおこない、さらに、脳の血管を調べるMRA画像検査などが必要とのことで、後日あらためて検査にいきました。

3回目の診察で検査結果の説明があるといわれ、美香さんとともに病院へ。医師からは、認知症になる一歩手前の「軽度認知障害」の状態だと説明されました。

軽度認知障害は「MCI（Mild Cognitive Impairmentの略）」と呼ばれ、健常と認知症のあいだの「グレーゾーン」とのこと。とはいえ、「MCIと診断された人のうち、約4割の人は5年以内に認知症に進行するという説もある」と忠告され、安心してはいられない状況だと思いました。

医師からは「6か月後に経過観察の検査を受けてください」といわれ、病院を後にしました。

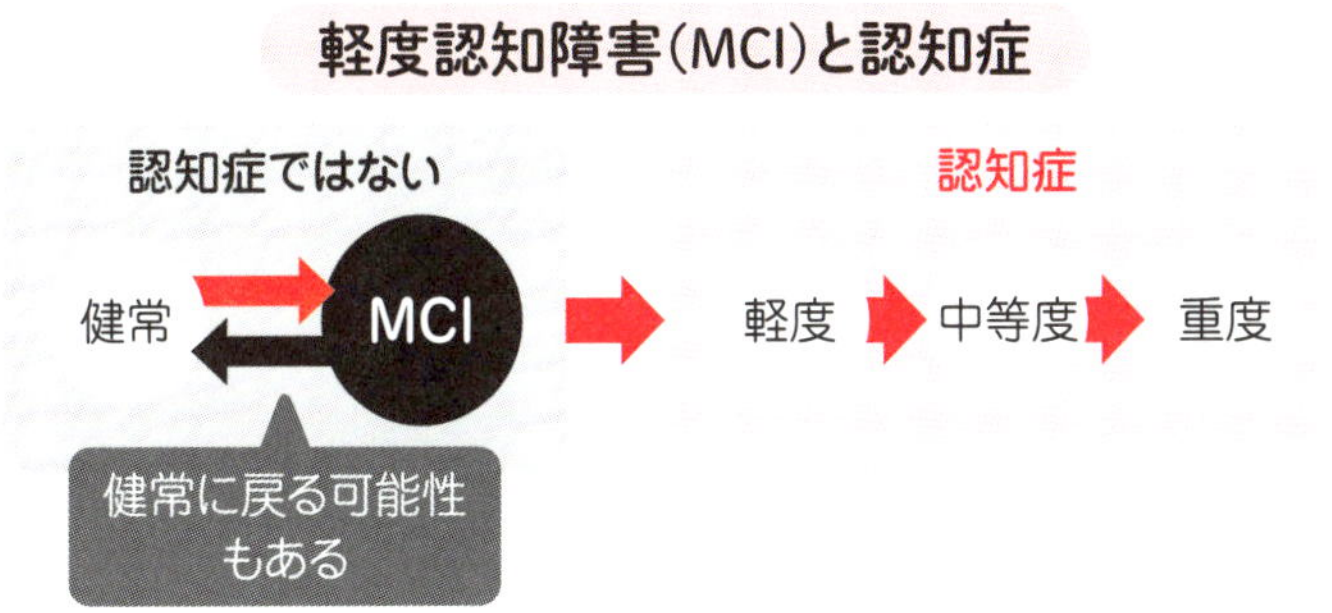

「グループホーム」ってどんなところ？

「この先、ひとり暮らしを続けられなくなるかもしれない……」

そう考え、洋子さんは学生時代からの友人の知子さんに相談しました。知子さんの夫の剛志さんは、２年前に認知症と診断を受け、現在は「グループホーム」に入居しています。

「来週、夫の面会にいくのだけれど、グループホームってどんなところかを知ることもできるでしょうから一緒にきてみる？」

彼女から思いもかけない誘いがあり、「見学をかねていってみよう」という気になりました。

知子さんにエスコートされ、グループホームに向かうと、そこは、住宅地にある２階建ての建物で、ホーム長が案内してくれることになりました。

１階は受付を兼ねた事務スペースと来訪者が利用する面会室などがあり、２階には開放感があるダイニングスペースと入居者が生活する各々の居室がありました。

ワンポイント知識

「グループホーム」というのは通称で、正式には「認知症対応型共同生活介護」といいます。

入居の対象は認知症の方で、家庭的な雰囲気のなか、9人程度の利用者が介護スタッフとともに暮らしています。介護保険制度では「地域密着型サービス」に分類されます。一般的な介護保険のサービスは都道府県の指定を受けて運営していますが、地域密着型サービスは市町村で指定された事業者が運営し、事業所のある市区町村に自分の住民票がないと利用できません。

グループホームではその利用者ができること、できないことに応じて、洗濯や料理などの役割を担《にな》いながら生活します。筆者が取材したグループホームでは、買い物や農作業をしていたところも。介護スタッフのケアを受けながら、自分でできることは自分でおこなうことで認知症の進行をゆるやかにできることもあります。

「利用者のみなさんが利用する浴室です。ヒノキ風呂で脱衣所は床暖房を入れています」

「自分で入浴ができなくなった方はどうされているのですか?」

「ご自分で入浴をするのが難しいという方は、職員が入浴の介助をさせていただいています。座ったまま浴槽に浸かれる入浴用リフトという福祉機器も設置しています」

洋子さんの熱心な質問に、ホーム長はひとつひとつ、ていねいに答えてくれました。

洋子さんと知子さんが面会に訪れたのは午前中で、ダイニングスペースでテレビを見る利用者や、職員と一緒に昼食の準備をしている方、洗濯物をたたんでいる方など、皆さん思い思いのことをして過ごしていました。

グループホーム選びの決め手は?

「知子さんはどうやってあのグループホームを探したの?」

「グループホームに入る前、自宅で介護をしていたときにお世話になったケアマネジャーからいくつか紹介してもらったのよ。紹介してもらったところはすべて見学にいったのだけれど、ホーム長も職員さんも対応がていねいで感じがよかったからかしらね。お散歩をしたり、買い物にいったり、外に出る機会をつくってくれているのもいいなと思ったの」

「壁に誕生日会の写真も貼ってあって楽しそうだったわね」

「当初は夫を預けることに対して後ろめたい気持ちもあったけれど、いろいろなイベントもやってくれているみたいだし、最終的にあのグループホームに決めてよかった。見学したグループホームのなかには、利用者の居室の前を通ると、イヤな臭いがしたり、職員さんが利用者に対して、○○ちゃんと呼んだりして子供扱いしているところもあったの。見学してみなければわからないことってたくさんあるのよ。それどころか、実際に入居してみなければわからないことが、実はたくさんあるのだけれど」

「例えば？」

「感じのいい職員さんだと思っても、次に面会にいったときはすでに辞めているとか。人の入れ替わりが多いのよ。それに介助の手が足りないから、ずっと座らせっぱなし、なんてこともあるし。入ってみなければわからないわよ。

家族は人質をとられているようなものだから、不満があってもクレームはいいにくいしね。介護職員に対するハラスメントが取り沙汰されているけれど、遠慮している利用者や家族だって多いと思うよ」

介護保険制度の扉を開いたら…

洋子さんはふたたび知子さんに連絡をしてグループホームの見学のお礼をいい、次女から介護保険の申請をするように助言されたことを伝えました。彼女いわく、以前夫の介護保険の申請をしたときは「地域包括支援センター」でおこなったとのことでした。

調べてみると、地域包括支援センターは洋子さんの自宅から徒歩でいける距離にあることがわかりました。電話で問い合わせて、以前送られてきた介護保険被保険者証を持参して、直接出向くことになりました。

「医師の診断では軽度認知障害といわれました。買い物やゴミ出しなど多少困ることがありますが、次女の負担にはなりたくありません」

洋子さんは窓口で対応してくれた秋山さんという職員に切々と訴えました。

秋山さんによると、地域包括支援センターでは明らかに介護保険の対象外となるような人には、介護を予防するための健康教室などをすすめる場合があるとのことでしたが、「洋子さんの場合は生活に困りごとが生じているため、申請の手続きを進めたほうがよさそうですね」といわれました。

その後、訪問調査をおこなうために「認定調査員」が自宅にたずねてきました。調査員からは、洋子さんの身体に関すること、記憶に関すること、今の生活に関することなどを聞かれました。この調査結果は、主治医が作成する意見書とともに判定にあたっての要素となるようです。

調査員に自分をよく見せようとする人がいるようですが、実際より介護度が低く認定されてしまうことがあると知り、現時点の状態を偽《いつわ》ることなく伝えるようにしました。

介護認定調査員による調査の後、「認定調査の結果と主治医の意見書をもとにしたコンピューターによる一次判定」と「保健・医療・福祉に関する専門家で構成される介護認定審査会による二次判定」がおこなわれるのだとか。

介護保険の申請から約1か月後、洋子さんは「要支援1」と認定されました。

洋子さんは、地域包括支援センターの秋山さんに要介護認定の結果が届いたことを電話で伝えました。

秋山さんには、すでに困っていることを伝えていますが、「これからの生活に望むことはありますか？」と聞かれ、「楽しみを失わないためにも料理を続けていきたい」「軽度認知障害を認知症に移行させないために運動などもおこなっていきたい」と伝えました。

その後、秋山さんが提案してくれたのは「介護予防通所リハビリ」と、ヘルパーによる

介護保険サービス利用までの流れ

【申請に必要なもの（例）】

- ☐ 要介護・要支援認定申請書
- ☐ 介護保険被保険者証
- ☐ 健康保険被保険者証
- ☐ 本人の確認ができるもの
- ☐ マイナンバーの確認ができるもの

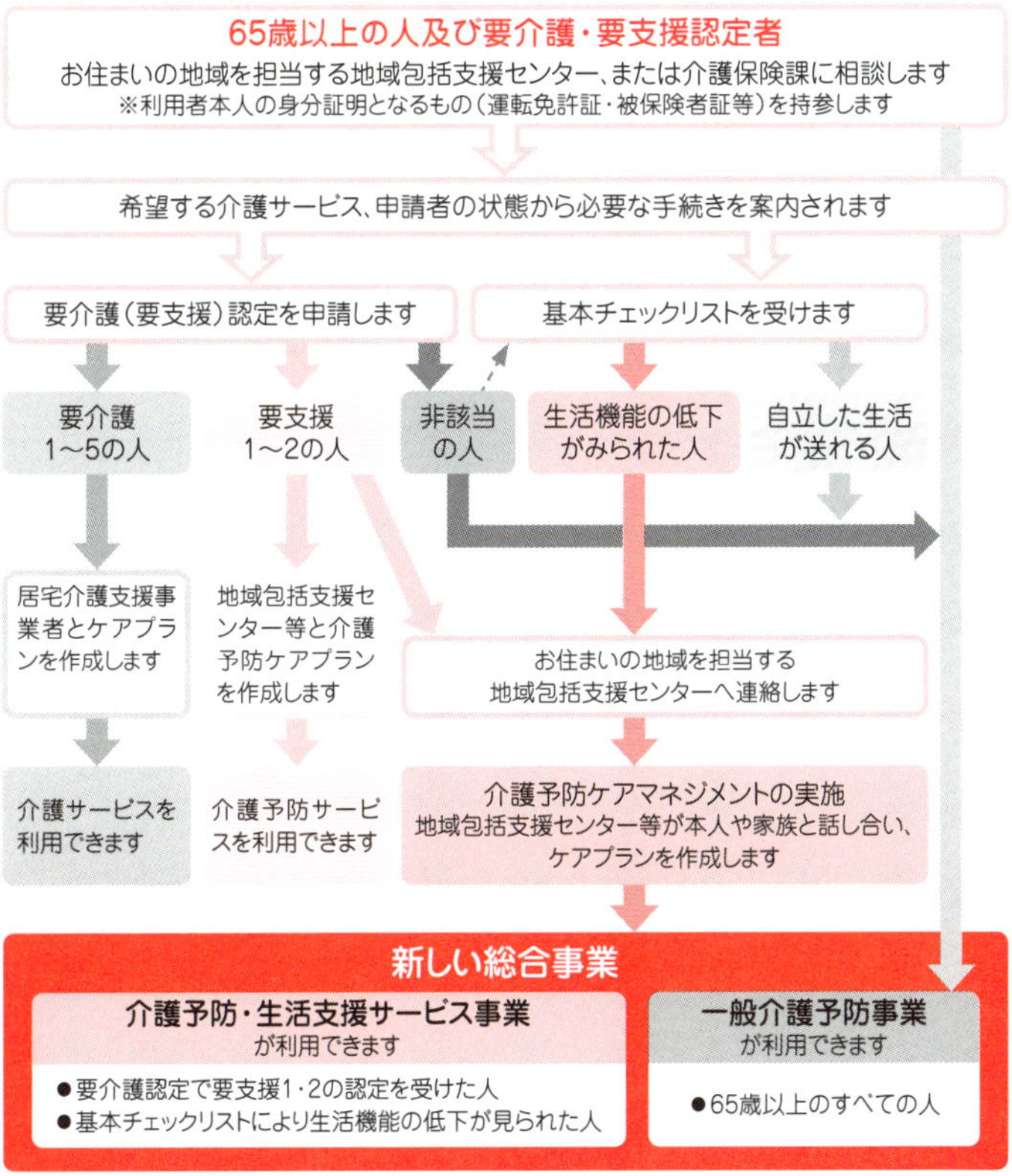
65歳以上の人及び要介護・要支援認定者
お住まいの地域を担当する地域包括支援センター、または介護保険課に相談します
※利用者本人の身分証明となるもの（運転免許証・被保険者証等）を持参します
希望する介護サービス、申請者の状態から必要な手続きを案内されます
要介護（要支援）認定を申請します
基本チェックリストを受けます
要介護
1〜5の人
要支援
1〜2の人
非該当
の人
生活機能の低下
がみられた人
自立した生活
が送れる人
居宅介護支援事業者とケアプランを作成します
地域包括支援センター等と介護予防ケアプランを作成します
お住まいの地域を担当する
地域包括支援センターへ連絡します
介護サービスを利用できます
介護予防サービスを利用できます
介護予防ケアマネジメントの実施
地域包括支援センター等が本人や家族と話し合い、
ケアプランを作成します
新しい総合事業
介護予防・生活支援サービス事業
が利用できます
●要介護認定で要支援1・2の認定を受けた人
●基本チェックリストにより生活機能の低下が見られた人
一般介護予防事業
が利用できます
●65歳以上のすべての人

生活援助のサービスを利用してはどうかという内容でした。

ワンポイント知識

要介護認定で「要介護1～5」の人は介護サービスを利用できます。利用にあたっては「介護サービス計画書（ケアプラン）」が必要です。ケアプランは、どのような介護サービスをいつ、どれだけ利用するかを決める計画のことで、居宅介護支援事業所などで働く介護支援専門員（ケアマネジャー）が作成します。

一方、「要支援1、2」の認定を受けた場合は「介護予防サービス」を利用できます。利用にあたっては介護予防サービス計画（介護予防ケアプラン）が必要です。

介護予防サービスはその名のとおり、介護を必要とする状態になるのを予防するサービスのことです。

介護予防サービスを利用するには「介護予防サービス計画」が必要で、地域包括支援センターの職員が中心となって作成します。

要介護・要支援の人のプラン

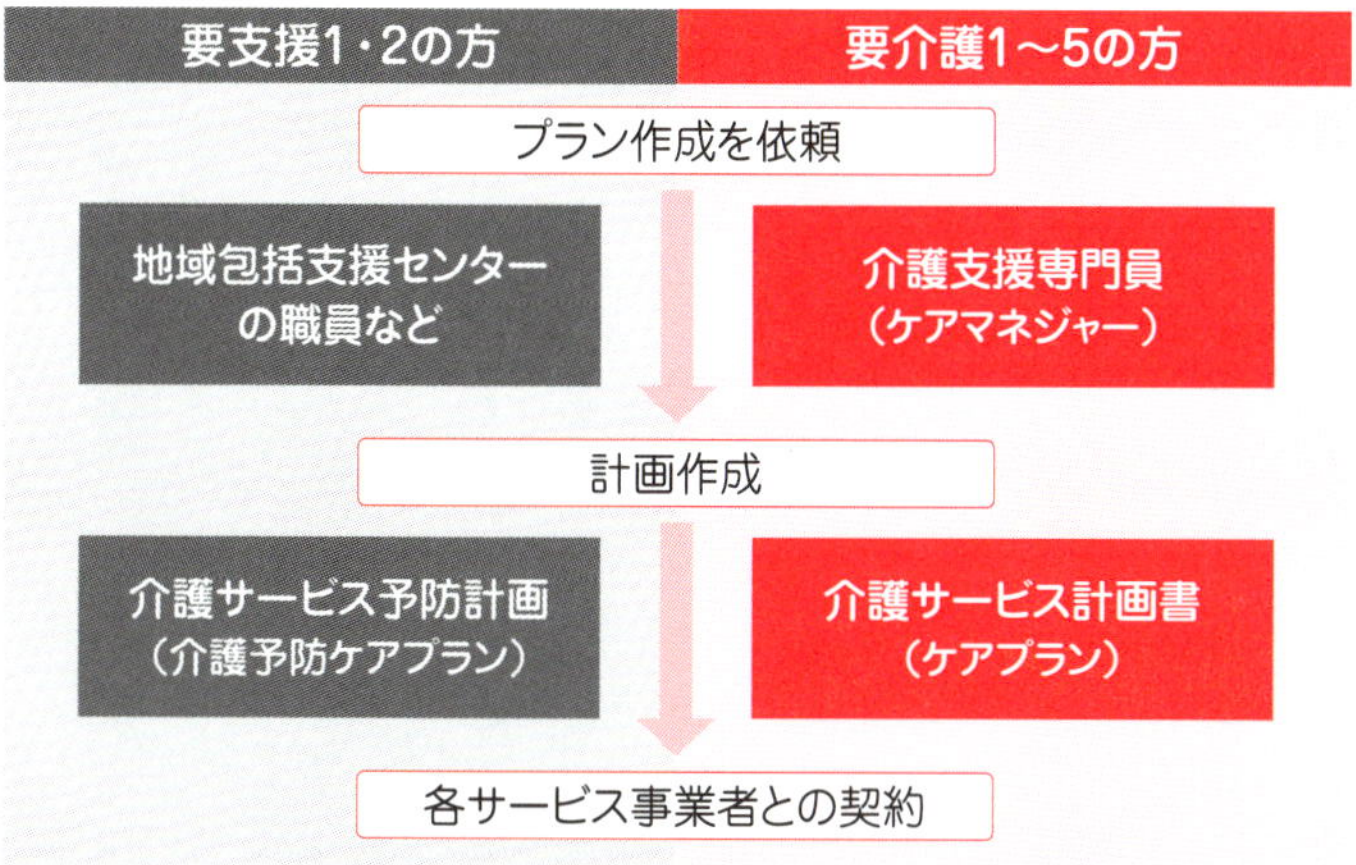

「介護予防通所リハビリ」は、一般的には「デイケア」とも呼ばれます。介護老人保健施設や病院、診療所で、日常生活の自立を助けるために必要なリハビリテーションをおこない、利用者の心身機能の維持回復を図ります。

秋山さんが洋子さんに紹介した事業所では、はじめて利用するときと月初めに体力測定を実施しているそうです。その他の休み時間や空いた時間に頭の体操も実施しているらしく、認知症予防に力をいれていきたい洋子さんには効果が期待できそうです。

要介護認定で洋子さんが認定された「要支援1」という段階は、7段階ある要介護認定のなかで最も軽い状態です。「要支援1」の場合、1か月で5万320円以内であれば、所得に応じて1割～3割の負担で利用できます（21ページ図表参照）。介護保険サービスの利用料は要支援・要介護の各段階に応じて定められており、支給限度額を超えた金額については全額自己負担となります。

その限度額を超えないように、秋山さんはサービスの調整を進めてくれるとのことでしたので、洋子さんはプランの作成を進めてもらうよう伝えました。

秋山さんが紹介してくれたデイケアに通い、決まった曜日に外に出ることで生活にメリハリができました。事業所でリハビリをしてくれる理学療法士や若いスタッフのみなさんと言葉をかわすことも楽しみになりました。

ワンポイント知識

介護保険では、在宅サービスを利用する場合、要介護状態区分（要支援1・2、要介護1～5）に応じて上限額（支給限度額）が決められています。その上限額の範囲内でサービスを利用する場合は、利用者負担は所得に応じて1～3割ですが、上限を超えてサービスを利用した場合には、超えた分は全額利用者の負担となります。

介護保険制度の支給限度額と自己負担

要介護状態区分	支給限度額	利用者負担限度額（1割）	利用者負担限度額（2割）	利用者負担限度額（3割）
要支援1	50,320円	5,032円	10,064円	15,096円
要支援2	105,310円	10,531円	21,062円	31,593円
要介護1	167,650円	16,765円	33,530円	50,295円
要介護2	197,050円	19,705円	39,410円	59,115円
要介護3	270,480円	27,048円	54,096円	81,144円
要介護4	309,380円	30,938円	61,876円	92,814円
要介護5	362,170円	36,217円	72,434円	108,651円

支給限度額は全額ではなく「単位」で表されます。基本的に1単位につき10円とされていますが、地域によっては1単位あたりの金額が異なる場合もあります。

娘以外の頼れる存在に気づき、気持ちも新たに

洋子さんは秋山さんから「介護予防通所リハビリ」と同時に、ヘルパーさんに買い物の同行や調理の補助をお願いしてはどうかと提案されました。たしかに、買い物に同行してもらうことで、スーパーで何を買えばよいか迷ったり、買い物のためのメモを忘れてしまうのを防ぐことができそうです。

調理の補助をお願いすることで、好きな料理を続けることができるかもしれません。そう考えると洋子さんはうれしくなりました。

秋山さんによると、介護保険で「要介護」と認められた人はヘルパーによって提供される「訪問介護」のサービスが受けられるとのこと。内容としては、食事の介助や入浴の介助など利用

者の身体に直接触れておこなう「身体介護」と、掃除や洗濯、買い物や料理など日常生活を支援する「生活援助」があります。

一方、洋子さんのように「要支援」と認められた人がヘルパーさんを利用したい場合、各市区町村で実施する「介護予防・日常生活支援総合事業（総合事業）」を利用することになるということでした。

洋子さんが住んでいる市には、「訪問型サービスA」というサービスがあり、身体の介助を必要としない人に生活援助（洗濯・掃除・調理など）が提供されます。洋子さんの場合、このサービスで困りごとを解消することができそうです。

ヘルパーさんの定期的な訪問で、ゴミの出し忘れがなくなり、また、調理の補助をしてもらうことでふたたび料理をする時間も増えてきました。

地域包括支援センターの秋山さんや定期的に通ってくれるヘルパーさんなど「頼れる存在」が増えたことで、次女の美香さんの負担を少し軽くできたのではないかと感じ、自分の気持ちもずいぶんと楽になりました。

数か月前には考えられなかった生活の変化が起きたことで、洋子さんは毎日の暮らしを積極的に考えられるようになりました。

今は介護サービスを利用するだけでなく、毎朝決まった時間に起きてストレッチを1時間かけておこなっています。「ひとり暮らしを続けること自体が認知症の予防になっているのよ」と、友人の知子さんからは力づけられています。

グループホームへの入居を考えていた少し前の自分の思いを封印して、もうしばらく住み慣れたこの家で暮らしてみよう。

洋子さんは気持ちを新たに、夕食の準備にとりかかりました。

【安東洋子さんのプロセス】

- 病院で軽度認知障害（MCI）と診断される
- 友人とグループホームを見学
- 地域包括支援センターで介護保険の申請をおこなう
- 「要支援1」の認定を受ける
- デイケアに通い、ヘルパーにきてもらう

【洋子さんの事例から知るポイント】

- 友人などからの助言に耳を傾ける
- 暮らしに困りごとが出てきたら、かかりつけ医に相談する
- 認知症の専門医を受診する
- グループホームの見学にいき、不安を減らす
- 「地域包括支援センター」に出向く
- 担当職員に現状を伝えて、介護保険の申請をする
- 訪問調査では、ありのままを伝える
- 「介護予防」のサービスを利用する
- 介護サービスは「いわれたまま」ではなく、希望を伝える
- 在宅介護サービスを活用すると、ひとり暮らしの「頼れる存在」が増える
- 毎朝決まった時間に起床し、自分でストレッチをおこなう
- 「ひとり暮らしを続けることは、認知症の予防につながる」と意識する

「高齢者うつ病」と「加齢性難聴」を患うも精神科訪問看護のサポートを支えに自立

つらい孤独感・疎外感から脱しつつある理由とは

不安で受診したら思わぬ結果に

有本悦子さん（87歳）は、4年前に夫を亡くし、現在は都内のマンションでひとり暮らしをしています。息子が2人いますが、次男は単身赴任で地方にいて、長男は都内のマンションに一家3人で暮らしています。

夫が亡くなった後、悦子さんは一日中ぼんやりしていることが増えました。夜間眠れず、頭痛やめまいなどの症状も現れるようになりました。

ほかに気になるのはもの忘れです。数日前に見たはずの連続ドラマの内容を忘れてしまい、ストーリーがわからなくなってしまうといったことが続き、「もしかして、自分は認知症

成功例2 有本悦子さんのプロフィール
■87歳
■高齢者うつ病
■加齢性難聴
■要介護1
■都内のマンションでひとり暮らし

高齢者うつ病と認知症の違い

	高齢者うつ病	認知症
初期の症状	食欲の低下や不眠など身体的な不調	もの忘れなどの記憶障害
症状の進行	短い期間に複数の症状が現れる	長期間にわたり、ゆっくり進行
記憶障害	記憶力が衰《おとろ》えていることを不安に感じる	自覚症状は薄い
気分の落ち込み	自責の念が強く、悲観的になる	自責の念は少ない

ワンポイント知識

高齢者うつ病と認知症は症状が似ているため、判断が難しいといわれています（上の図表参照）。うつ病は早期の段階で正しく治療をおこなうことで治癒できる見込みはありますが、誤って認知症と診断されると、うつ病の治療タイミングが奪われてしまうことにもなりかねません。

　異変を感じたら早めに専門の医療機関を受診し、検査を受けましょう。

なのではないか」と思い悩むようになりました。

思い悩んだ末に悦子さんは思い切って長男に電話をして相談してみることにしました。長男からは「妻にも相談してみるから」といわれました。長男の嫁は医療事務の資格をもっており、これまでいくつかのクリニックで働いていた経験がありました。

長男は後日折り返し電話をくれ、嫁が以前パートをしていたという心療内科のクリニックを紹介してくれました。このクリニックでは悦子さんと同じように、「自分は認知症なのではないか」と不安になり、受診する人がきていたということでした。

現在、長男の嫁はパートで働いておらず、クリニックに付き添ってくれることになりました。意外なことに、医師からは「認知症ではなく、おそらく高齢者うつ病でしょう」といわれました。

「自分は認知症ではないか」と強い不安を抱くことも、高齢者うつ病の人に見られる傾向だとか。

高齢者うつ病は脳の老化に関連しており、放置すると認知症に移行する可能性もあるとのこと。そのクリニックでは高齢者うつ病で患者の食欲が低下している場合、入院をすすめることもあるようですが、悦子さんの場合は少食でもかろうじて3食食べられていること

高齢者うつ病になる要因

「環境的な要因」の例

- 定年退職して家にいる時間が長くなった
- 特に趣味などもなく、話し相手がいない
- 引っ越しなどで環境が変化した

「心理的な要因」の例

- 配偶者やペットの死
- 肉体的、精神的な衰えを感じる
- 友人と疎遠《そえん》になり、孤独を感じている

ワンポイント知識

「老年期うつ病」「老人性うつ」とも呼ばれる高齢者（65歳以上）のうつ病。その要因としては、おもに「環境的な要因」と「心理的な要因」が挙げられます。

「環境的な要因」としては、話し相手がおらずひとりで家にいることが多い、「心理的な要因」としては配偶者やペットの死などがあります。また、糖尿病、腰痛症、パーキンソン病、脳梗塞《のうこうそく》後遺症など、高齢者が抱える持病がうつ病に影響を与える場合もあります。この場合、うつ病と持病の双方を管理していくことが求められます。

とから、しばらく通院して様子をみることになりました。

難聴から孤独感、疎外感に苛《さいな》まれ…

悦子さんは他にも気にしていることがありました。50歳を過ぎた頃から聞こえづらさを感じてきましたが、年を追うごとに、それがエスカレートしてきたことです。70代半ばで、耳鼻科に相談にいった際には、加齢とともに聴力（耳の聞こえ）が低下する「加齢性難聴」だと診断されました。

ワンポイント知識

加齢性難聴の特徴として「高い音から聞こえが悪くなる」「片側だけが悪くなることはなく両耳の聴力が同時に低下する」「加齢とともに進行する」「会話の聞き取り能力が低下する」「男女差があり、男性のほうが聴力低下は大きい」といったことが挙げられます。

聴力を低下させないために、「大音量でテレビを見たり、音楽を聴かない」「騒音など、

難聴障害度質問票

質問／点数	はい 4点	時々 2点	いいえ 0点
① 初対面の人と話すときは聞こえない事によって困ったことがありますか?	□	□	□
② 家族との会話で聞こえない事によってストレスを感じますか?	□	□	□
③ 小さな声で話しかけられたときに困る事がありますか?	□	□	□
④ 聞こえないことで不利益を受ける事がありますか?	□	□	□
⑤ 友人や親類、近所の人と話していて聞きとれなくて困ることはありますか?	□	□	□
⑥ よく聞きとれないために集会や会合に出ることをためらう事がありますか?	□	□	□
⑦ 聞こえないことについて家族と口論をすることがありますか?	□	□	□
⑧ ラジオやテレビの音が聞こえにくい事がありますか?	□	□	□
⑨ 聞こえないことでやりたい事が十分にできないと感じる事がありますか?	□	□	□
⑩ レストランや食堂などで話がよく聞き取れないと感じる事がありますか?	□	□	□

合計＿＿＿＿点

合計**10**点以上 ➡ **軽〜中等度の難聴の可能性**

実生活で困ったことがあれば、そのままにせず、耳鼻咽喉科の受診を検討しましょう。

合計**24**点以上 ➡ **重度の難聴の可能性**

「年のせいだから」とあきらめず、早めに耳鼻咽喉科を受診することをおすすめします。

難聴高齢者のハンディキャップスクリーニング検査
(Hearing Handicap Inventory for Elderly-Screening : HHIE-S)の簡易版

大きな音が常時出ている場所を避ける」ことなどを心がけることが大切です。加齢以外が理由の場合、治療で改善が望める場合もあり、聞こえづらいと感じたら（右の図表参照）、早めに受診しましょう。

会話中に言葉が聞こえず相手に聞き返すと、相手は少し大きな声で再度言い直してくれるのですが、それが悦子さんには怒っているように感じられるのです。自分は相手に嫌がられているという想いが強くなり、やがては聞こえていなくても聞こえるフリをするようになりました。

悦子さんとの会話が嚙《か》み合わないと感じた相手が困惑の表情を浮かべているのに気づいてハッとしたことも。

そのため次第に人と話す機会を避けるようになり、ひとりでいる孤独感、まわりから疎《うと》んじられているという疎外感《そがいかん》がエスカレートし、「自分はこの世からいなくなったほうがよいのでは」という感情に苛まれるようになりました。

ワンポイント知識

難聴の人は正常な聴力をもつ健聴者と比べ、うつ病、認知症ともに、その発症頻度《ひんど》において2〜3倍になると指摘されています。

さらにひとり暮らしの中高年者で難聴がある場合、同居人がいる健聴者に比べると認知症、うつ病の発症率は明らかに高くなるといわれています。


悦子さんの夫は4年前に新型コロナウイルス感染症で亡くなりました。先に罹患《りかん》したのは悦子さんで、その後、夫が感染しました。このことから、夫が亡くなった際、「自分が感染しなければ、夫は命を落とさずに済んだのではないか」と、ずっと自分を責めてきたのです。

夫は亡くなる3年前に「要介護4」と認定され（33ページ図表参照）、介護支援専門員（ケアマネジャー）に介護サービス計画書（ケアプラン）の作成を依頼し、介護サービスの手配をお願いしていました。

要支援・要介護の心身の状態の目安

要介護度	心身の状態の目安
要支援 1	**社会的支援を要する状態。**排泄や食事はほとんどできるが、日常生活動作の一部に介助が必要。状態の維持・改善の可能性が高い
要支援 2	**部分的な介護を要する状態。**日常生活動作に介助が必要で複雑な動作には支えが必要。状態の維持・改善の可能性が高い
要介護 1	**部分的な介護を要する状態。**日常生活動作に介助が必要で複雑な動作には支えが必要。認知機能の低下が見られることがある
要介護 2	**軽度の介護を要する状態。**日常生活動作や複雑な動作や移動するときに支えが必要。認知機能の低下が見られることがある
要介護 3	**中程度の介護を要する状態。**日常生活動作や複雑な動作、排泄が自分一人ではできない。認知症の症状が見られることがある
要介護 4	**重度の介護を要する状態。**日常生活動作や複雑な動作、移動することが自分ひとりではできず、排泄がほとんどできない。認知症の症状が目立つことがある
要介護 5	**最重度の介護を要する状態。**日常生活動作や複雑な動作、移動、排泄や食事がほとんどできず、意思の疎通が難しいことがある

悦子さんは高齢者うつ病と診断されたあと、介護保険の申請をおこない、「要介護1」と認定されました。

夫が依頼していた居宅介護支援事業所にケアプランを依頼しました。悦子さんのケアマネジャーは不破《ふわ》さんといい、50代後半の落ち着いたベテランの女性です。

不破さんから、「悦子さんが閉じこもりがちになっていることが気になっている」といわれ、通所介護（デイサービス）を利用してはどうかと提案されました。

悦子さんはあまり乗り気ではありませんでしたが、不破さんの提案を断るのも申し訳ないと思い、一度利用してみることにしました。

デイサービスは自宅と事業所間の送迎をしてくれるうえ、看護師が血圧の測定などもしてくれるので健康の管理もできます。ひとり暮らしでお茶漬けやおにぎりなどで簡単に食事を済ませることが多かった悦子さんにとって、デイサービスで出される食事はいつもとは目先が変わり満足できるものでした。

ところが、もともと社交的なタイプではない悦子さんにとって利用者同士でゲームをしたり、おしゃべりをしたりするレクリエーションの時間は楽しむことができませんでした。結局、3か月ほど利用しサービスは中止しました。

精神科訪問看護と訪問看護の違い

	対象者	サービスの内容
精神科訪問看護	精神疾患のある人全般や精神科などに通院している人、医師から支援が必要と判断された人など	コミュニケーションや精神状態の観察など、精神的な支援・看護が中心
訪問看護	身体的な障害や疾病《しっぺい》があり、自宅で療養しており、主治医が訪問看護が必要と認めた人	身体的な支援・看護が中心

不破さんからは、「トレーニングに特化した、3時間程度の短時間型デイサービスもありますよ」と紹介されたのですが、悦子さんは断りました。

「通所介護を中止すると誰とも関わらなくなってしまう。週に一度でもヘルパーさんにきてもらってはどうか」という新たな提案は受け入れ、現在は週に1回だけ訪問介護を利用しています。

不破さんは月に1回悦子さんの自宅を訪れ、訪問介護のサービスの様子や悦子さんの体調について確認しています。前回の訪問の際、悦子さんは、心療内科への通院は続けていることを報告しました。

不破さんはうなずきながら耳を傾けてくれました。さらに「心療内科の医師にも相談したうえで」と前置きをし、悦子さんに「精神科訪問看護を利用してみてはどうか」と聞いてきました。

ワンポイント知識

精神科訪問看護は、「訪問看護」とは異なります（35ページ図表参照）。うつ病や統合失調症などの精神疾患がある人や心のケアを必要としている人の自宅に看護師などが訪問して必要なサポートをおこないます。「医療保険」もしくは「介護保険」が利用でき、対象となる年齢に制限がなく、現在その需要が高まっています。

精神科訪問看護の利用で徐々に前向きに

悦子さんは、精神科に特化した訪問看護という点にメリットを感じて、医師に相談し、サービスを利用してみることにしました。

不破さんは、悦子さんの自宅に比較的近い精神科訪問看護の事業所を紹介してくれました。難聴のため看護師との会話が滞《とどこお》ってしまうのではないかと心配していましたが、看護師は悦子さんの目を見て低めの声でゆっくりと話してくれたので、聞き取りづらさは感じませんでした。

精神科訪問看護と訪問看護のサービス開始までの流れ

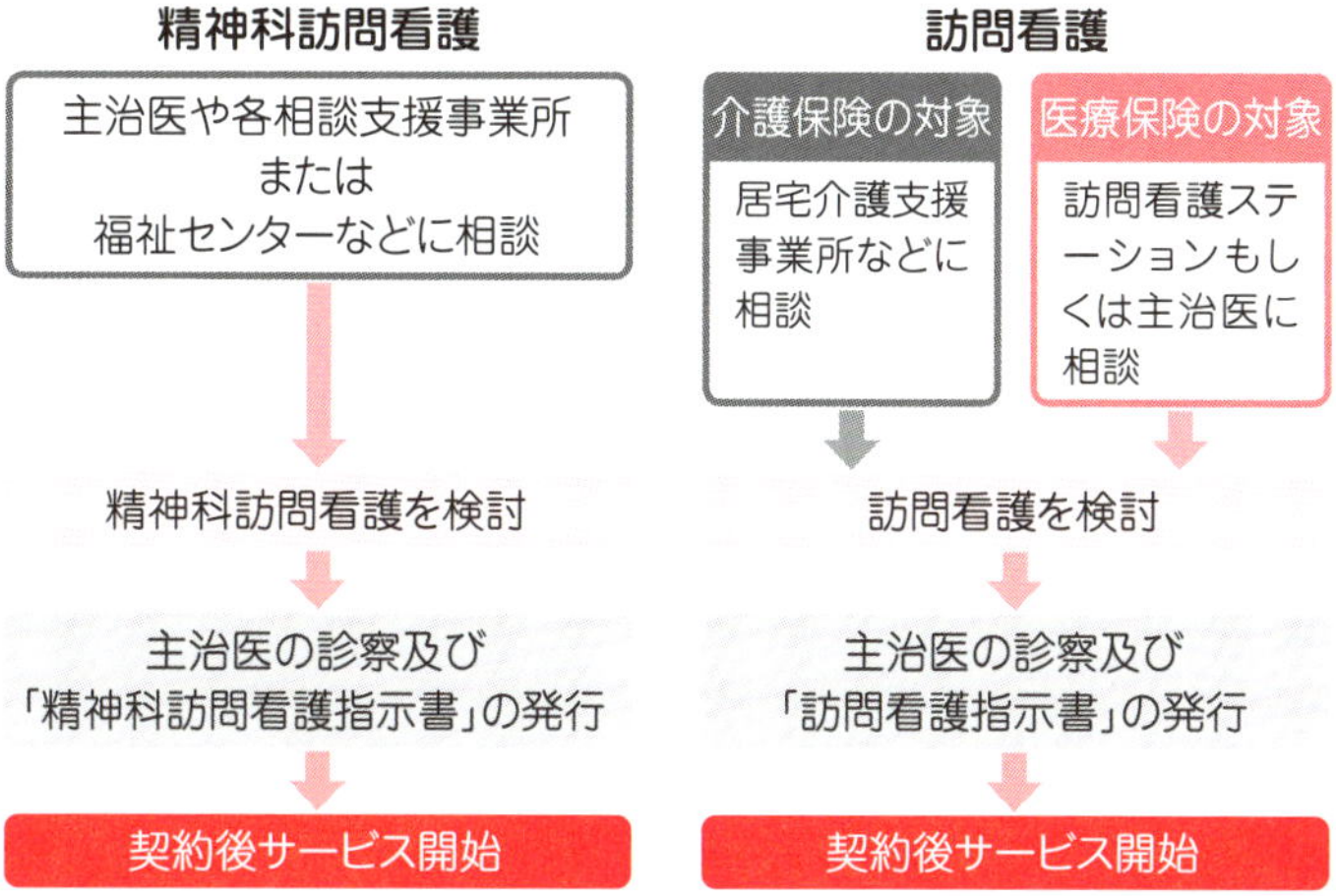

さらに、夫が亡くなってからの自分の心の変化や体に現れた症状についても、メモをとりながらじっくりと聞いてくれました。

悦子さんは看護師に話を聞いてもらうことで、自分自身の気持ちの変化を客観的に受け止めることができました。

後日、看護師から「聞こえづらさが軽減できるかもしれないので、補聴器を試してみてはどうか」とアドバイスを受けました。補聴器を購入するにあたり助成金を出している自治体もあり、悦子さんが住んでいる地域でも助成金を申請することが可能でした。

補聴器を購入した際、販売員から難聴を改善するための「聴覚リハビリテーション」を実施している医療施設があると聞き、興味を

補聴器購入の助成を利用する際の流れ（例）

役所の担当課に相談
補聴器を購入する前に必ず相談し、申請書を受け取る

↓

耳鼻咽喉科の受診
申請書をもって受診し、医師に意見書を記入してもらう

↓

担当課へ申請書を提出
医師の意見書が記載された申請書を窓口へ提出

↓

補聴器購入・調整
郵送された交付決定通知書をもって6か月以内に購入

↓

助成金の請求
交付決定の日付から6か月以内に担当課に請求

↓

助成金額の確定と振り込み
助成金額確定後に、ご本人の口座に助成金を振り込み

もちました。悦子さんは少しずつ自分が前向きになっていると感じています。

高齢者うつ病については、心療内科への通院と精神科訪問看護のサポートを頼りに、あせらずに向き合っていこう――。

補聴器の効果もあり、最近では人と会話をすることが以前ほど嫌ではなくなりました。

悦子さんが暮らすマンションのエントランスに管理事務室があり、管理員の方がいつも挨拶をしてくれるのですが、悦子さんはこれまで会釈するだけでした。

それがこのあいだ、「おはようございます」と声を発して挨拶をしてみました。管理員さんは一瞬驚いた表情を見せましたが、すぐに挨拶を返してくれました。

たった一言ですが、声を出したことで少しだけ自信がもてました。

「80歳を過ぎて挨拶ひとつまともにできなかった自分を情けなく思った」と、その日のことを看護師に話したところ、「今からでも遅くないですよ」といわれました。

日々の暮らしのなかで、悦子さんにとっての「挑戦」はこれからも続きそうです。


【有本悦子さんのプロセス】

- 「加齢性難聴」で聞こえづらさがある
- 夫亡き後、もの忘れが目立つようになり、食欲も減退する
- 「認知症」ではなく「高齢者うつ病」と診断される
- 精神科訪問看護の利用をはじめる
- 補聴器を購入する

【悦子さんの事例から知るポイント】

- 自分の不安を近い人に伝えてみる
- 自分が認知症だと勝手に判断せずに受診
- 自分の性格を理解する
- 自分に合わないと思ったサービスはやめる
- ケアマネジャーに受診の報告をする
- 「精神科訪問看護」を利用する
- 看護師に状態の変化を伝える
- 自治体による助成金を活用し、補聴器を購入
- 「過去に執着しない」と心がける
- 今の生活の一コマ一コマを大切にする
- 前向きな変化を自覚する

クモ膜下出血で手足に麻痺が残っても「一番しっくりくる」自宅で暮らす

八方塞がりの「50代・要介護」が見つけた意外な居場所とは

一命をとりとめるも後遺症が残る

津田美保さん（57歳）は、2年前に脳血管障害を発症しました。

脳血管障害（脳卒中）は血管が詰まる「脳梗塞《のうこうそく》」、血管が破れる「脳出血」と「クモ膜下《まっか》出血」に大別されますが、美保さんの場合はクモ膜下出血でした。

発症したのは平日の昼食時でした。寒い日でしたが、美保さんは同僚とともに職場近くのカフェにいくことに。その途中で信号待ちをしていたとき、激しい頭痛と吐き気に襲われました。アスファルトの上でうずくまったまま、呼びかけにも反応しない美保さんの状態を察し、同僚があわてて救急車

成功例3　津田美保さんのプロフィール

■57歳

■クモ膜下出血の後遺症

■要介護３

■都内のマンションでひとり暮らし

■独身

脳血管障害（脳卒中）の種類

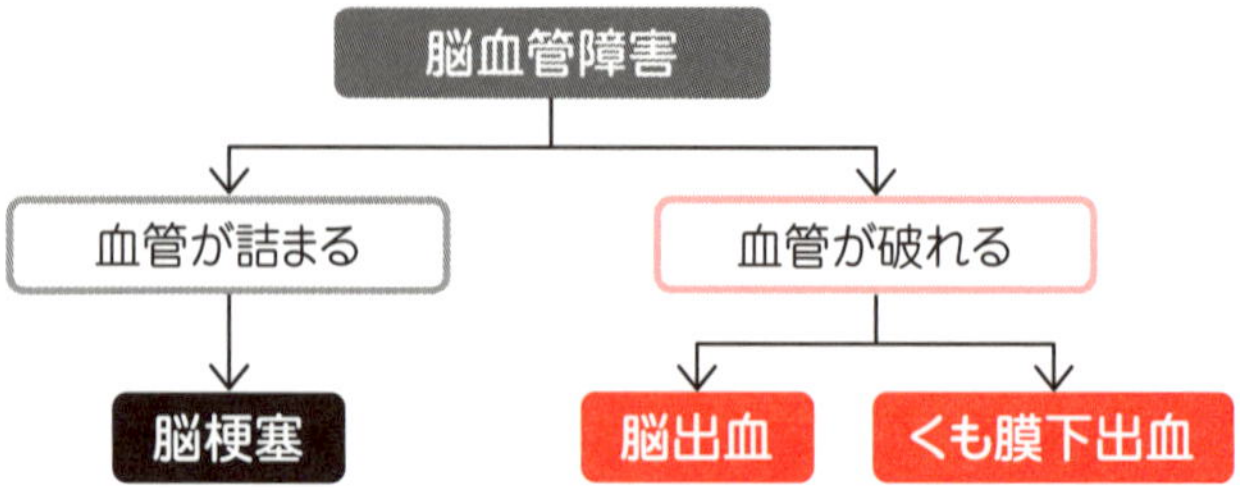

を呼んでくれたのでした。

病院に搬送された後、手術をおこない一命はとりとめましたが、それから2週間ほど経ってから、脳の血管が縮んで血液の流れが悪くなる「脳血管攣縮《れんしゅく》」が起きました。脳血管攣縮になると、話すことができなくなったり、手足の麻《ま》痺《ひ》が発生することもあります。

さらにその後、脳出血、脳血管攣縮に続き3番目の山といわれる「水頭症《すいとうしょう》」になりました。水頭症の典型的な症状として、認知症、歩行障害、尿失禁などがあります。

美保さんは独身で子供がおらず、これまでひとり暮らしをしてきました。両親は他界し、近しい身内は妹だけです。妹も独身でひとり暮らしをしていますが、フリーランスでライターの仕事をしているため多忙で、ここ数年は年に1、2回会う程度でした。

今回の入院では妹の美玲さんが身元保証人になることを引き

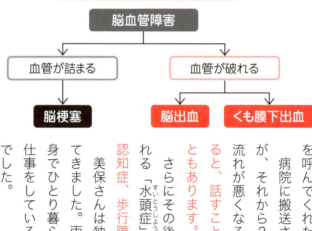

受けてくれました。

ワンポイント知識

入院や施設に入所する際、身元保証人を求められるケースが多くありますが、ひとり暮らしの高齢者が増え、入院にあたり身元保証人が立てられないケースも増えていることから身元保証を代行する事業者が増えています。一方で高額な契約料を請求されたり、解約時にお金が返還されないなどのトラブルも起きています。利用する前には、まず自分の希望やサービスの内容を確認しておくとよいでしょう（44ページ図表参照）。

厚生労働省では「入院・入所希望者に身元保証人がいないことは、サービスを拒否する正当な理由には該当《がいとう》しない」と説明しています。

美保さんは約2か月間入院し、退院することになりました。右半身麻痺が残り、右の手足を自由に動かすことができません。移動には杖が必要になりました。なんとか会話はで

身元保証人が必要なケースに関する知識

身元保証人がいなくなる可能性のある人

- 未婚の人
- 配偶者が亡くなり独り身になった人
- 子供がいない夫婦（※）
- 遠方に子供がいる人

※配偶者がいても高齢の場合は認められないケースもある

身元保証人が必要になる場面

入院

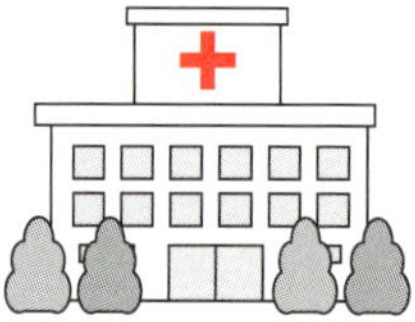

介護施設への
入所

賃貸住宅への
入居

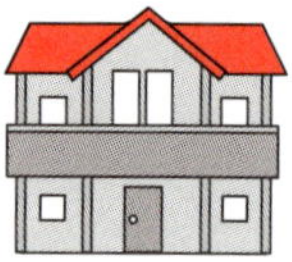

身元保証代行サービスを利用する場合

- まず自分の希望を明確にする
- 費用の総額を算出する
- 自分の資産状況と照らして無理がないか検討する
- 契約の内容など文書をとりかわし保管しておく

きますが、すぐに言葉が出てこないこともあります。

退院時は麻痺がある状態で着替えの入った荷物を持ち運ぶことが不安だったため、妹に付き添いを頼もうかと考えましたが、仕事で忙しくしている彼女の姿が目に浮かび、病院まで迎えにきてもらうのは気が引けました。調べたところ、退院時の付き添いをしてくれるという民間の事業者があることを知り、サービスを依頼することにしました。

「しっくりくる場」が見つからない

自宅に戻ってから、美保さんはこれからの生活について考えました。妹と同居する選択は念頭にありませんでした。それというのも、美保さんは1年ほどの期間ではありましたが、妹の美玲さんと同居していたことがありました。

2DKでそれぞれの部屋があったものの、夜通しパソコンに向かって仕事をし、朝方眠りにつくこともある妹の生活音にストレスを感じるようになり、美保さんがその部屋を出ることを決めたという過去があったからです。

発病後はこれまでと違い、毎日の着替え、入浴なども時間がかかるようになり、包丁で野菜を切ったりといった細かい作業はできなくなりました。美保さんは「このままひとり暮らしを続けることは無理だろう」とあきらめるようになっていました。

そこで、まずはじめに美保さんが考えたのは「障害者グループホーム」への入居です。

障害者グループホームは、「共同生活援助」といい、「障害者総合支援法」で定められているサービスのひとつです。障害がある人が必要なサポートを受けながら共同生活をおこないます。

障害者グループホームには、夜間や休日を中心にサポートをおこなう事業所や、グループホームの近くの住居で、ひとり暮らしに近い状況で生活しながら、他の入居者との食事やイベントをおこなう事業所があると知りました。

美保さんは今の住まいから比較的近い障害者グループホームの見学にいくことにしました。そのグループホームは、ホーム長のお子さんに障害があり、「自分の子供の将来を考えて建てた」という話でした。美保さんが見学にいったとき、ダイニングルームには誰もいませんでしたが、入居者は20代が中心で、なかには50代前半の人もいるとのことでした。

基本は個室での生活で、同居者はみな日常生活にサポートが必要という共通点はあるにせよ、ふたまわり近く年の離れた人たちと共同生活を続けることに美保さんは気が引けました。妹と同居していた時期を除けばずっとひとり暮らしで、誰に気遣うことなく自分のスタイルで自由に暮らしてきたのです。

「結婚して子育ての経験があれば、自分の子供のような年齢の人たちと同居することにためらうことはなかったかもしれない……」。そんな思いも頭をよぎります。

美保さんは障害者グループホームへの入居をあきらめました。そして第2の選択肢として考えたのが介護保険施設への入居でした。美保さんは65歳以下ですが、介護保険のサービスが利用できることを知りました。

ワンポイント知識

介護保険のサービスを受けられる被保険者は、65歳以上の方（第1号被保険者）と、40歳から64歳までの医療保険加入者（第2号被保険者）に分けられます。

第1号被保険者は、「要介護」もしくは「要支援」の認定を受けたときに介護サービスを受けることができます。また、第2号被保険者は、加齢にともなう疾病（特定疾病、48ページ図表参照）が原因で要介護（要支援）の認定を受けたときに介護サービスが受けられます。介護保険を利用して入居できる介護保険施設は、介護老人福祉施設（特別養

介護サービスを受けられる人

	65歳以上の方 （第1号被保険者）	40歳から64歳の方 （第2号被保険者）
対象者	65歳以上の方 	40歳以上65歳未満の健保組合、全国健康保険協会、市町村国保などの医療保険加入者 （40歳になれば自動的に資格を取得し、65歳になると自動的に第1号被保険者に切り替わります） 
受給条件	・要介護状態 ・要支援状態	・要介護（要支援）状態が、老化に起因する疾病（特定疾病）による場合に限定
保険料の徴収方法	・市町村と特別区が徴収（原則、年金からの天引き） ・65歳になった月から徴収開始	・医療保険料と一体的に徴収 ・40歳になった月から徴収開始

参考：厚生労働省リーフレット

介護が受けられる特定疾病

『特定疾病』とは

1. がん（がん末期）
2. 関節リウマチ
3. 筋萎縮性側索硬化症
4. 後縦靱帯骨化症
5. 骨折を伴う骨粗鬆症
6. 初老期における認知症
7. 進行性核上性麻痺、大脳皮質基底核変性症及びパーキンソン病
8. 脊髄小脳変性症
9. 脊柱管狭窄症
10. 早老症
11. 多系統萎縮症
12. 糖尿病性神経障害、糖尿病性腎症及び糖尿病性網膜症
13. 脳血管疾患
14. 閉塞性動脈硬化症
15. 慢性閉塞性肺疾患
16. 両側の膝関節または股関節に著しい変形を伴う変形性関節症

介護保険が利用できる施設

介護老人福祉施設（特別養護老人ホーム） 常に介護が必要な方が施設に入所し、入浴や食事などの日常生活上の支援や、機能訓練、療養上の世話などを受けることができます。 ※新たに入所する場合、原則、要介護3以上のみが利用することができます
介護老人保健施設 在宅復帰を目指している方が施設に入所し、リハビリテーションや必要な医療、介護などを受けることができます
介護医療院 長期にわたって療養が必要な方が入所し、機能訓練や必要な医療、介護を受けることができます

介護保険施設を利用する場合の費用

介護保険施設を利用するときには、施設サービス費の1割（2割、3割）に加え、居住費、食費、日常生活費（理美容代など）などがかかります。

施設サービス費

＋

居住費・食費

＋

日常生活費（理美容代など）

※サービス費用は、施設の形態、居室の種類、
職員の配置などによって異なります

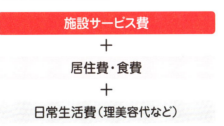

護老人ホーム、以下特養）、介護老人保健施設（老健）、介護医療院があります（49ページ図表参照）。

特養は終身利用できますが、医療の依存度が高い場合は入所できないケースも多いのが実情です。

65歳以下で特定疾病の脳血管疾患に該当する美保さんは「第2号被保険者」として介護保険の申請をし、こんどは介護医療院の見学にいくことにしました。

介護医療院ではベッドに横になっている高齢者が多く、これから先、残された人生の大半の時間をベッド上で過ごすことになるのかと思うと惨憺《さんたん》たる思いがしました。

サポートを受けながら安心して生活したいという願いはあるのに、美保さんは、障害者グループホーム、介護医療院、どちらにおいても「この先そこで暮らし続ける自分」を想像することはできませんでした。自分の居場所がないように思われ、八方塞《ふさ》がりでした。

不安はそれだけではありませんでした。美保さんはこれまで一般企業の正社員として働いてきましたが、立ったり座ったりもスムーズにできない状態で仕事を続けることは難しいだろうと退職を決めたのです。退職金や多少の貯金はあるものの、麻痺や失語症を抱え、今後は出費もかさむばかりでしょう。

美保さんは否応《いやおう》なしにこれまでの自分の生き方を振り返りました。

「自分の身を守れるのは自分だけ」と、これまで気を抜かずに生きてきたのです。仕事ではまわりの足を引っ張らないようにと精一杯努め、食生活に気を遣い、休日にはヨガに通って体調管理にも気をつけてきたつもりです。それなのになぜ自分だけこんな目に遭《あ》わなければいけないのか。クモ膜下出血を発症したときに命が助からなくてもよかったのではないか……。美保さんは自暴自棄《じぼうじき》になっていました。

自分のペースで社会と関わる

介護保険の要介護認定で「要介護3」という結果となり、居宅介護支援事業所で「介護サービス計画書」(ケアプラン)を作成してもらうことにしました。

担当になった介護支援専門員(ケアマネジャー)は大島さんという、美保さんと同年代の男性でした。

ケアプランを作成するために大島さんが美保さんを訪問してくれました。

「今、困っていることはありますか？」

大島さんの言葉を聞き、美保さんの目から涙が堰《せき》を切ったように流れ出ました。

ベッドから起き上がる、トイレにいく、食事をする、歯を磨くといった動作がこれまでの何倍も時間がかかり、思うようにできずイライラが募ること、仕事を辞めて収入が不安なこと、自分が社会から必要とされていないと感じることなど、次から次へたくさん話したいことがありました。大島さんは時間を気にする様子も見せず耳を傾けてくれました。

大島さんからは「訪問介護」や「訪問リハビリ」を利用する提案がありました。

「訪問介護」では洗濯や掃除など自分ではできない家事を頼むことでストレスも減らせるのではないかとのこと。「訪問リハビリ」では関節が硬くなり動かしにくくなる「関節拘《こう》縮《しゅく》」を予防するための訓練をしたほうがよいのではないかとすすめられました。

最後に大島さんは「これは介護保険のサービスではないのですが……」と前置きしたうえで「就労継続支援B型事業所に通ってみませんか？」と切り出したのです。美保さんははじめて聞く言葉に「シューロー、ケ・イ・ゾ・ク？」と聞き返していました。

美保さんは大島さんとともに就労継続支援B型事業所に見学にいきました。その事業所ではクッキーなど菓子の製造をおこなっていて、材料の計量から生地《きじ》づくり、焼成《しょうせい》（オーブンで加熱する)、袋詰め、検品などの一連の作業を分担しておこなっていました。

ワンポイント知識

就労継続支援B型事業所とは社会福祉法人などの法人格が運営しており、障害者総合支援法に定められた障害福祉サービスの1つです。

就労が困難な障害や難病等のある人が作業などをおこない、就労に必要な知識及び能力の向上のために必要な訓練をおこなうことができます。雇用契約を結ばないものの、労働の対価として工賃を得ることができます。年齢の制限はありません。

就労継続支援B型は障害福祉サービスに該当しますが、介護保険サービスに相当するものがない障害福祉サービス固有のものと認められるサービスについては、介護保険サービスと障害福祉サービスとの併用が認められています。

利用者にはいろいろな年代の人がいて、それぞれのペースで黙々と目の前の作業をしていました。作業にあきたらしく、なかには手を止めてボーッとしている人もいましたが、スタッフが急《せ》かせるようなことはありませんでした。

事業所では週何回、何時間こなければならないといった決まりはなく、自分のペースで働くことができるということでした。

ずっと家にいてもますます落ち込んでいくばかりかもしれず、淡々《たんたん》と作業をするのも自分に合っている気がして、美保さんは週に1回その事業所に通ってみることにしました。

朝9時に事業所に着くと朝礼をおこない、作業がはじまります。美保さんは企業で働いていたころ、昼食はお弁当を持参していましたが、クッキーをつくったのは小学校の家庭科以来のことのように思いました。右手に麻痺があるため、袋詰めなどできない作業はありましたが、計量や検品などをできる範囲でおこないました。

午前中いっぱい作業をおこない、12時に昼食をとり、13時からふたたび作業をはじめます。14時すぎにみんなでお茶を飲んで休憩《きゅうけい》をし、清掃をして16時頃には帰宅します。

クモ膜下出血を発症する前、職場ではミスをしないよう、つねに緊張を強《し》いられていましたが、就労継続支援B型事業所ではそのような緊張感はなく、作業に集中できました。

作業は個人個人で進めていますが、事業所のみんなで作業をしているという仲間意識も出てきました。

製造したクッキーは事業所内にある店舗で販売され、近所の人などが買いにきてくれます。自分がつくったものが誰かの楽しみや喜びになっているのだと思うと、なんだかうれしくなりました。

クモ膜下出血を発症し自暴自棄になったこともありましたが、最近では、自分が作業所にいって帰ってくるというだけで「上出来」だと思っています。

一方、訪問介護事業所のヘルパーさんは明るい性格で、いつも「こんにちはー」と部屋に入ってきては手際よく掃除や洗濯をしてくれます。来月からは訪問リハビリもはじまります。

考えてみれば、クモ膜下出血になる前、これまで自分の部屋に誰かを招いたことは一度もありませんでした。「人間関係は面倒」と避けてきましたが、体が不自由になって人から支えてもらうことのありがたさを実感しています。病気にならなかったら自分を客観視することもなかったかもしれません。

「自分にとって一番しっくりくる」ひとり暮らしを、今は続けていけるような気がしています。

美保さんはこれまで他人と比較して、結婚していないこと、子供がいないことなど、ないことばかりに目を向けて、その穴埋めをするかのように頑張ってきました。

それがクモ膜下出血となり、たくさんのことを失ってから、自分に残されたもののありがたさに目を向けられるようになりました。ないことで不便なことはあるけれど、不幸せではないと実感しています。

60歳手前での再スタート、「ゆっくりでも自分のペースで歩んでいこう」。美保さんはそう感じています。

【津田美保さんのプロセス】

- クモ膜下出血を発症し、後遺症が残る
- 「障害者グループホーム」と「介護医療院」を見学
- 介護保険の申請をして「要介護３」に
- 訪問介護を利用
- 就労継続支援B型事業所に通いはじめる

【美保さんの事例から知るポイント】

- 身元保証の代行事業者を選ぶ際は慎重に
- 退院時の付き添いをおこなう民間のサービスもある
- 障害福祉サービスの内容を知る
- 第1号被保険者と第2号被保険者の違いを知る
- ケアマネジャーに困りごとを打ち明ける
- 外へ出る機会をつくる
- 介護サービス以外の利用も積極的に検討してみる
- 社会との関わりをあきらめない
- 誰かの楽しみを自分の喜びに
- 仲間と作業する
- 自分に残されたものに目を向ける
- 「ないこと」は不幸せではないと心得る

「呼びよせ介護」に「NO」といい、故郷の生活に戻り、改めて感じる幸せ

生きがいの運転と仕事への迷いを解消できた理由

●「白内障」と診断を受け、運転も控えるよう諭《さと》される

田村凛太郎《りんたろう》さん（74歳）は長年農家として働いてきました。同じ年の妻は今から12年前、62歳の若さで亡くなりました。それ以来、農家を続けながらひとり暮らしをしています。

凛太郎さんは最近気になっていることがあります。それは夜間に運転していると街灯や信号の光、対向車のヘッドライトがかなりまぶしく感じられ、運転に不安を感じるようになってきたことです。

高齢ドライバーの運転事故のニュースが他人事《ひとごと》とは思えず、じき後期高齢者になる自分の年齢を考えると、そろそろ自分も免許の自主返納を考える時期だろうと思ってはいるのです

成功例4　田村凛太郎さんのプロフィール

- ■74歳
- ■白内障
- ■要支援2
- ■地方の戸建て住宅で暮らす
- ■妻と農家を営んできた

が、農家は軽トラックでの作業が欠かせず、一大決心が必要なのです。

最良のパートナーだった妻を失い、絶望感に打ちひしがれても、なんとかやってこられたのは農家を続けてきたからでした。

ここ最近、近所でも「白内障の手術を受けた」という人が何人かいて、そのうちのひとりに自分の目の異変を打ち明けると、「眼科にいったほうがいいよ」といわれました。

その日、思い切って眼科を受診したところ、やはり「白内障」と診断を受けました。

「いよいよ自分もか……」と凛太郎さんは落胆しました。白内障だと診断されたことよりも「安全のために運転は控えたほうがよい」と諭されたことのほうがショックでした。

ワンポイント知識

人の目をカメラに例えた場合、カメラのレンズに相当するのが水晶体と呼ばれる部分です。

正常な水晶体は無色透明で光をよく通しますが、さまざまな原因で白く濁《にご》ると、視力が低下したり、見え方が変化します。これが「白内障」です。61ページのチェックリストにあてはまることがあれば要注意です。

白内障が発症する一番の原因は加齢によるもので、男女ともに60代から患者数が増加します。早い人だと40代から水晶体が濁りはじめ、発症初期は自覚がない人が多いようです。

発症や進行を遅らせるためには予防の意識をもつことも大切です。

長年紫外線を浴びていると水晶体にダメージが蓄積され白内障の発症につながることもあることから、サングラスやUVカット眼鏡、日傘や帽子を使って紫外線から眼を守ることも大切です。

また、最近は「アイフレイル」という言葉をよく聞くようになりました。

「アイフレイル」は加齢にともなう目の衰えに、さまざまな外的ストレスが加わることにより目の機能が低下した状態、またはそのリスクが高い状態のこと。

61ページの「アイフレイルの症状」にあてはまることがないか確認してみましょう。

そもそも「フレイル」とは、健康な状態と介護が必要な状態のはざまのことで、加齢にともなう口の機能の低下は「オーラルフレイル」と呼ばれています。

白内障のチェックリスト

No.	チェック項目	✓
1	ものがぼやける、かすんで見える	□
2	メガネをかけても見えにくい	□
3	太陽の光がまぶしく感じられる	□
4	暗いところでは、前よりものが見えにくくなった	□
5	テレビや映画の字幕が見にくい	□
6	階段の上り下りに不安を感じる	□
7	ステロイド剤を長期間使用している	□
8	夜間の運転が怖い	□
9	糖尿病を発症している	□
10	対向車のヘッドライトを見ると、真っ白になるほどまぶしい	□

アイフレイルの症状

小さい文字が
見にくい
まばたきをしないと
よく見えない
目がゴロゴロする
夕方になると
見にくくなる
目が疲れやすい
目が乾燥する
まぶたが
下がってきた
明るいところに
いるとまぶしい
めやにがでる

眼科医からは手術をすすめられました。手術をした後は1週間程度で運転が可能な状態になる人が多いとのことでした。

白内障と診断されたことをきっかけに、凛太郎さんは今後の身の振り方を考えました。独り身なので生活費はそれほどかからず年金も支給されています。このへんで農家をリタイアしたほうがいいのだろうかという想いも頭をよぎります。

凛太郎さんのひとり息子の大輔さんは、郷里を出て生命保険会社で勤務しており、妻と息子とともに3人で暮らしています。その大輔さんからは、2か月に一度程度の割合で連絡があります。

その日、凛太郎さんは大輔さんから電話がきた際に白内障と診断を受けたこと、眼科医から「今の状態では、車の運転は控えたほうがいい」といわれたことを打ち明けました。

大輔さんは「眼科医のいうとおりに手術を受けたほうがいい」といい、「手術後は何かと不便なことがあるだろうから、しばらく自分たちの住まいで一緒に生活してはどうか」と提案をしてくれました。

手術とはいえ「今は日帰り手術が主流で、過度に不安を抱《いだ》くことはない」と眼科医からいわれています。それに、長男や嫁の厄介になるのは気が引けたので申し出を断りました。

ところが、長男の大輔さんから再度電話があり、「実家まで迎えにいくから」とまでいわれてしまい、根負けしてその申し出を受け入れることにしたのです。

息子一家との同居かひとり暮らしかの決断

白内障の手術は無事終わりました。

白内障手術の成功率は一般的に95％以上といわれているようですが、大学時代からの友人から「稀《まれ》なことのようだが、自分はうまくいかなかった」という話を聞かされ、心配していたのです。

手術の翌日、大輔さんが実家に迎えにきてくれました。

大輔さんは3年前に新築マンションを購入し、妻の七美さんと息子の湊くんと暮らしていました。収納スペースになっていた一室を凛太郎さんの部屋として提供してくれました。

凛太郎さんは、手術を受けたあと、なんとなく手元が見えづらくなったと感じていたので、七美さんが料理をつくってくれたり、洗濯などをしてくれることは、たいへん助かりました。妻が生きていた頃、家事は妻任せで手伝うこともしませんでした。

妻が亡くなってからは自分の農家で育てたみかんなどは食べても、料理らしい料理はしたことがなく、出来合いの総菜を買ってきて済ませていました。

大輔さんの夫婦は共働きで、平日大輔さんは6時頃に起床し、朝食を食べてすぐに出社、七美さんは小学校に通う湊くんを送り出してから、パートに出ていました。七美さんは夕方17時すぎには帰宅しましたが、大輔さんは残業で帰宅が20時から21時頃になることもありました。一つ屋根の下で生活していても、息子や七美さんと十分に会話する時間がありませんでした。孫の湊くんでさえも学校が終われば塾や習いごとで、「おじいちゃん、いってくるね」「おじいちゃん、ただいま」という挨拶以外には会話がない日もありました。

近くに友人や知人がいないので外に出る機会もなく、日中は凛太郎さんひとり、マンションの部屋で何もせずにだらだらと過ごしていました。このままずっと息子の家にいれば、確実に体や脳の機能が低下していくと思いました。

年とともに農家の仕事はきつくなっていると感じていますが、それでも毎日仕事を終え、風呂に入り、ビールを飲みながらつまみを食べているときには小さな充実感や達成感がありります。郷里から離れてみて、はじめてこれまでの自分の生活はまんざらでもなかったと感じることができました。

白内障の手術から1週間経ち、凛太郎さんは大輔さんに「そろそろ、自分の家に帰ろうと思う」と伝えました。すると、大輔さんからは「親父さえよければ、このまま一緒に暮らしてもいいんだよ」という言葉が返ってきました。

息子からの返事に凛太郎さんは意表を突かれました。

「呼び寄せ介護って言葉聞いたことない？　介護が必要な親を子供が自分の家に呼び寄せるってことらしいんだけど。親父はまだ介護は必要ないけど、この先、何かあっても一緒に生活していればすぐに対応できると思うんだよね。七美だって『料理もひとり分増えるくらいならどうってことない』っていってるし」

息子からの申し出をありがたいと感じる一方、生活パターンが異なる息子夫婦に気を遣いながら生活するのは窮屈《きゅうくつ》だなとも思いました。

「ありがたいけど、ここにずっといたらすることがないしね。多少不便でも農家を続けながらひとりで暮らすほうが気楽だよ」

凛太郎さんがこう返すと、大輔さんはなおも食い下がってきました。

「一緒に住むのがしんどいなら、この近くにアパートを借りてもいいんだよ？　実家はここからあまりにも遠いし、何かあったら駆けつけることができないからね」

そこまで自分を思ってくれるという息子の優しさをありがたいと感じながらも凛太郎さ

んは、こういいました。

「何かあってもその結末は自分で受け入れる覚悟でいるよ。心配かけてすまんね」

大輔さんは父親の想いを察してか、それ以上言葉を続けることはありませんでした。

自治体のサービスや友人の言葉に救われる

やっぱりこの家がいい――。

郷里に戻った凛太郎さんはしみじみそう感じました。息子が住むマンションには床暖房があり、冬でも快適に過ごせました。この空間には床暖房こそありませんが、長年暮らした妻との温もりがありました。

無事に帰宅したことを大輔さんに伝えようと連絡をしたところ、大輔さんが妙なことを言い出しました。凛太郎さんの家に「見守り機器」を設置したいというのです。

ワンポイント知識

見守り機器は高齢の親の安全や健康状態を確認するために用いられます。センサーや

多様化・高度化する見守りサービス

【例】

- ライフライン型（ガス、電気など）
- 家電使用型（テレビ、電気ポットなど）
- 安否確認型（宅食サービスなど）
- センサー型（据え置き型、マット型など）
- コミュニケーション型（テレビ電話など）

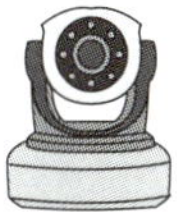

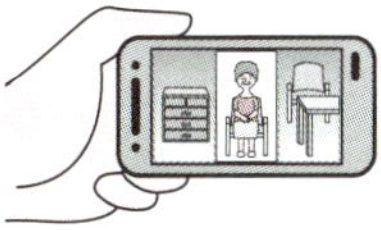

参考:「ワーク介護バランス1　ここまでできる働きざかりの介護」（旬報社）小山朝子著

カメラなどで、動きやバイタルサイン（生命活動）を検知して離れた場所にいる家族などに通知されます。

一方、ひとり暮らしの高齢者向けのサービスとして、必要があれば消防署への救急要請や24時間365日対応のセンターにつながる緊急通報装置（160ページ参照）や見守りセンサーを貸与したり、乳酸菌飲料や弁当を定期的に届けることで見守りをおこなっている自治体もあります。

役所の窓口、地域包括支援センター、自治体のホームページでサービスの内容を確認するとよいでしょう。

凜太郎さんは見守り機器について息子から説明され、市役所に電話で聞いてみることにしました。市役所に電話をすると「地域包括支援センター」を紹介されました。

地域包括支援センターで応対してくれたのは50代くらいの男性で梶谷というネームプレートをつけていました。梶谷さんによると、凜太郎さんの住む地域では民間業者に委託するかたちで「緊急通報装置の設置事業」をおこなっているそうです。満65歳以上の高齢者などを対象にしているとのことで、凜太郎さんも利用できることがわかりました。設置費用、設置にともなう月額料金はかからず、利用時の電話料だけ利用者の負担になるとのことでした。

見守り機器を自分で直接買うより、市のサービスを利用したほうが断然安く、何より大輔も安心してくれるだろう。

凜太郎さんは少し興奮しながら「ぜひお願いしたいです」と答えていました。

「他に不安なことはありませんか」

こちらに関心をもって話しかけてくれる梶谷さんの態度に凜太郎さんは安堵《あんど》し、好感をもちました。

「このあいだ白内障の手術をして目の具合に不安はありますが、体に不安はありません。

基本チェックリスト

No.	質問項目	回答（いずれかに○をお付けください）	
1	バスや電車で1人で外出していますか	1.いいえ	0.はい
2	日用品の買い物をしていますか	1.いいえ	0.はい
3	預貯金の出し入れをしていますか	1.いいえ	0.はい
4	友人の家を訪ねていますか	1.いいえ	0.はい
5	家族や友人の相談にのっていますか	1.いいえ	0.はい
6	階段を手すりや壁をつたわらずに上っていますか	1.いいえ	0.はい
7	イスに座った状態から何もつかまらずに立ち上がっていますか	1.いいえ	0.はい
8	15分くらい続けて歩いていますか	1.いいえ	0.はい
9	この1年間に転んだことがありますか	1.はい	0.いいえ
10	転倒に対する不安は大きいですか	1.はい	0.いいえ
11	6か月間で2～3kg以上の体重減少がありましたか	1.はい	0.いいえ
12	身長　　cm　　体重　　kg　（BMI　　）（注）		
13	半年前に比べて硬いものが食べにくくなりましたか	1.はい	0.いいえ
14	お茶や汁物等でむせることがありますか	1.はい	0.いいえ
15	口の渇きが気になりますか	1.はい	0.いいえ
16	週に1回以上は外出していますか	1.いいえ	0.はい
17	昨年と比べて外出の回数が減っていますか	1.はい	0.いいえ
18	周りの人から「いつも同じ事を聞く」などのもの忘れがあると言われますか	1.はい	0.いいえ
19	自分で電話番号を調べて、電話をかけることをしていますか	1.いいえ	0.はい
20	今日が何月何日かわからないときがありますか	1.はい	0.いいえ
21	（ここ2週間）毎日の生活に充実感がない	1.はい	0.いいえ
22	（ここ2週間）これまで楽しんでやれていたことが楽しめなくなった	1.はい	0.いいえ
23	（ここ2週間）以前は楽にできていたことが今では億劫（おっくう）に感じられる	1.はい	0.いいえ
24	（ここ2週間）自分が役に立つ人間だと思えない	1.はい	0.いいえ
25	（ここ2週間）わけもなく疲れたような感じがする	1.はい	0.いいえ

（注）BMI（＝体重（kg）÷身長（m）÷身長（m））が18.5未満の場合に該当する。

出典：厚生労働省

なにぶん独り身なので、万が一何かあったら、と息子が心配しているみたいで」

「見たところ、介護が必要というほどでもなさそうですね。一度、基本チェックリストを受けてみませんか？」

梶谷さんからすすめられた基本チェックリスト（69ページ図表参照）は、25の質問項目で日常生活に必要な機能が低下していないかを調べるものです。この判定によっては、市がおこなっているサービスが利用できるといいます。

凜太郎さんは梶谷さんにすすめられるままチェックリストを試してみたところ、今のところは「自立した生活を送れている」と判定されました。

梶谷さんは凜太郎さんにパンフレットを差し出しました。そのパンフレットには『介護予防・日常生活支援総合事業利用の手引き』と書かれています。

ワンポイント知識

介護予防・日常生活支援総合事業（以下、「総合事業」）は2017（平成29）年4月にスタートしました。総合事業で利用できるサービスには、①「介護予防生活支援サービス事業」と②「一般介護予防事業」があります。①は要介護認定で「要支援1・2」の認定を受けた人、基本チェックリストで生活機能の低下がみられた人が利用します。サービスの内容として、訪問介護員による家事の支援などを提供する「訪問型サービス」と通所介護の事業所などで体操や筋力トレーニングなどをおこなう「通所型サービス」があります。

②は65歳以上のすべての高齢者が対象で心身の機能を維持・改善する「介護予防教室」やお茶を飲みながら話すサロンなどがあります。

凛太郎さんは梶谷さんから介護予防教室の説明をされましたが、農家の仕事もあるなかで、参加するのは難しいだろうと思いました。

地域包括支援センターから戻った凛太郎さんは、職員の梶谷さんが親身になって対応してくれたことに満足していました。大輔さんにはさっそく市の緊急通報装置の設置事業について報告をしておきました。

凛太郎さんは梶谷さんから聞いた別の情報も気になっていました。社会福祉協議会が主催している「男の料理教室」のことです。定年後の男性などが公民館に集まって料理を習っているという話でした。

「実は私もときどき顔を出しているんです。このあいだ参加者の方とお話をしたら、手を動かしたり、メニューを覚えたりするので認知症予防になっていると話されてましたよ」

梶谷さんが楽しそうに話していたのを思い出していました。

この物価高もあり、自分で料理ができたら節約できるかもしれません。

最近よく見ているYouTubeのチャンネルは、ひとり暮らしの中年男性がいかに安い食材でおいしい料理をつくるかという内容で面白く、自分も料理にチャレンジしてみようかなという気になっていました。「男の料理教室」は試しに見学にいくことを決めました。

白内障の手術をしてから2か月が経過し、眼科への受診は続けていました。ピントが合いにくいため新たに眼鏡をつくることに。

運転は眼の状態に不安があるため、「制限運転」をしています。凜太郎さんは新聞でこのことを知りました。高齢になって低下する心身の機能を補償するということから、「補償運転」とも呼ばれているのだとか。

時間帯（夜間、早朝、夕方の運転は控える）、運転時間（長時間の運転は避ける）、体調（痛みやだるさがあるときには運転を控える）、天候（視界が悪いときは運転を控える）などを考慮し、無理をせずに運転をすることで交通事故を未然に防ぐ取り組みのことです。

凜太郎さんはこのひと月ほど、日中、仕事で必要なときだけ軽トラを運転するよう心がけていました。

その日、凜太郎さんは同じく農家をしている幼なじみのグッチーと飲みにいきました。川口という名字で小学生の頃からみんなにそう呼ばれていました。

凜太郎さんはグッチーに、眼の状態が安定しないので制限運転をしていること、このまま免許の自主返納をして軽トラを運転できなくなったら廃業も考えざるを得ないことなどを打ち明けました。

妻が亡くなってからひとり暮らしになった凜太郎さんのことをグッチーは何かと気にかけてくれ、凜太郎さんにとってはいちばん頼りになる友人でした。

「軽トラが必要な作業は俺やウチの息子が手伝うよ。農家をやめても仕事を続けたかったらウチのところに手伝いにきてくれたっていいしね」

凜太郎さんは友人からのこの言葉を聞いて、気持ちがすっと楽になりました。

この場所は信頼できる友人もいます。ひとり暮らしでも、息子一家と生活していたときのような孤立感はありません。都心での生活を経験し、あらためて長年住み慣れたこの土地への愛着を感じました。

この際だから免許は思い切って返納してもいいかな。グッチーのところでときどきアルバイトをさせてもらい、空《あ》いた時間に男の料理教室に通ってみよう。

凛太郎さんは頭のなかでそんな青写真を描いていました。

【田村凛太郎さんのプロセス】

- 白内障と診断され手術を受ける
- 息子に同居をもちかけられる
- 同居を断り郷里に戻る
- 自治体の高齢者向けのサービスを知る
- 幼なじみと飲みにいき、今後の青写真を描く

【凛太郎さんの事例から知るポイント】

- 目の異変を感じたら眼科を受診する
- 「呼びよせ介護」の誘いは慎重に検討
- 地域包括支援センターに出向く
- 「基本チェックリスト」で自己評価をおこなう
- 自治体の緊急通報サービスの利用を検討する
- 白内障の手術後も定期的に眼科を受診
- 制限運転（補償運転）をする
- 信頼できる友人に今後の相談をする
- 免許の返納を検討する
- 「男の料理教室」への参加を希望する
- アルバイトで農業を手伝うことを検討する

認知症と診断されても見放さない「友人」のつくり方

子供に頼らず、ひとりで生きていきたい人の選択肢とは

●家族もケアマネジャーも頼れないという「現実」

野沢宏子さん（88歳）は約20年、ホームヘルパーとして働いてきました。訪問した家庭の事情は実にさまざまで、掃除や調理などの家事の援助から着替えや排泄《はいせつ》の介助に至るまで、数多くこなしてきました。

利用者のなかには「私の息子は一流商社で部長をしている」「私の孫は東大に合格してね」などと家族の自慢をする人や、大家族に囲まれた記念写真を飾っている人もいました。

ところが、そうした人の現実はひとり暮らしで、自慢の子供や孫からはほとんど連絡はないという人が少なくありませんでした。

成功例5　野沢宏子さんのプロフィール

■88歳

■アルツハイマー型認知症の初期

■要介護１

■賃貸アパートで暮らす

■親しい友人がいる

宏子さん自身はといえば、夫が80代前半で亡くなってから長男一家と同居した期間もありましたが、長男の嫁と馬が合わず、現在は賃貸アパートでひとり暮らしをしています。

相談相手としてケアマネジャーを頼れるのは「介護サービスを利用している人」であり、相談内容は基本的に「介護保険という制度の枠のなか」でのことです。

ヘルパーとしてそのような「現実」を見てきた宏子さんは、「結局のところ、頼れるのは自分自身」という持論にたどりつきました。

だからといって誰とも関わらずに生きていくのはなんとなく寂しいという想いがあり、これまで友人や仲間をつくる心がけをしてきました。

今では損得勘定抜きでつきあえる友人や仲間の存在が、宏子さんにとって心の支えになっていると感じています。

ワンポイント知識

現役で働いている人は職場で誰かと話す機会はあると思いますが、そうではない場合は自分から意識して誰かと会話をする機会をつくらないと、誰とも話さないまま1日が終わる、ということになりかねません。

国立長寿医療研究センター（愛知県）が65歳以上の人を対象に約10年間の追跡データを解析した結果、「配偶者がいる」「同居家族と支援のやりとりがある」「友人との交流がある」「地域のグループ活動に参加している」「なんらかの就労をしている」の5つのつながりがある人では、認知症発症リスクが低下することがわかりました。

さらにこれら5つのつながりがある人は、ひとつもないか、ひとつだけの人と比べて認知症発症リスクが46％低いことがわかりました。

特定のつながりをもつよりも、さまざまなつながりがあるほうが認知症リスクを低下させる可能性があるようです。

人との会話は認知症の予防に効果があるといわれています。会話をしているときには、「相手の言葉を理解する」「相手の気持ちを察する」「適切な言葉を選んで発する」など脳の働きが必要になります。

ひとり暮らしをしている人のなかにはメンタルクリニックに通い、カウンセラーと定期的に話す機会を設けている人や、占い師に自分の話を聞いてもらっているという人も。

インターネットを介して集まるコミュニティに参加する、地域の公民館の掲示板などに貼ってあるサークルを見学してみる、ボランティアをはじめてみる、ごぶさたしている友だちに連絡をしてみる、知人からのイベントの誘いに応じてみるといったことから人とのつながりができるかもしれません。

一方、「年を重ねるとともに人間関係を〝整理〟したほうが心が安定する」という意見もあります。

「ヤマアラシのジレンマ」という寓話《ぐうわ》をご存じですか。ある冬の寒い日、2匹のヤマアラシが暖をとろうと身を寄せ合ったが、トゲだらけのためお互いの体を傷つけ合ってしまう。そのため離れてみるとまた寒くて耐えられない、という話ですが、人間関係にはその「距離感」もポイントになるのではないでしょうか。

友人との約束をすっぽかすことが続いて

その日、宏子さんのアパートのインターホンが鳴りました。

ドアを開けると、宏子さんのウォーキング仲間の育江さんが困ったような表情をして立っていました。

「あら、どうしたの？」

「どうもこうも、今日、駅で待ち合わせして出かける約束をしていたでしょう。電話もつながらないから心配して直接きてみたのよ」

「えー?! あれれ、そうだっけ？」

宏子さんは育江さんと約束したことをすっかり忘れていたのです。

「そうよ、1週間前に電話で約束したじゃない」

宏子さんがあわててカレンダーを確認しにいくと、たしかに「14時、駅で育江さんと待ち合わせ」と書いてありました。

「えーっ、すっかり忘れてたー。ごめんなさいね」

宏子さんが謝《あやま》ると、育江さんは「いいのよ、気にしないでね」といってくれました。

育江さんは、ウォーキング仲間とのランチ会でこの顚末《てんまつ》を話しました。人のうわさ話をするようで気が引けましたが、今後またこのようなことが起きる可能性は高く、知らせておいたほうがよいと思ったのです。

すると、別のメンバーが少し低い声でこういいました。

「実はね、少し前に私も同じ目に遭《あ》ったの。私は彼女の家まではいかなかったけれど、後日電話をしたら、『あら、そうだったの』って」

育江さんは自分以外の仲間も同じような体験をしていたことに驚きました。

●検査の結果は「アルツハイマー型認知症」

後日、宏子さんは育江さんにお詫《わ》びの電話をし、病院で認知症の診断を受けようと思っていることを伝えました。

「どこで受診したらいいのかしら、あなたご存じ？」

「このあいだ買った本にいろいろ書いてあったから調べてみるわね」

育江さんはそういって電話を切りました。

育江さんは、これから介護が必要になったときのためにと『ひとり暮らしでも大丈夫！自分で自分の介護をする本』（筆者の前著）を購入していました。

同書によると、「認知症疾患医療センター」は認知症に関する詳しい診断や症状への対応、相談などをおこなう認知症専門の医療機関とのこと。都道府県や政令指定都市が指定する病院に設置され、全国に500近くあるようです。そのほか、「精神科」「脳神経内科」「老年科」でも対応しており、「もの忘れ外来」を設けている病院もあるとのこと。

さらに、日本老年精神医学会のホームページでは「高齢者のこころの病と認知症に関する専門医」を検索でき、都道府県別に専門医を調べることができると知りました。

宏子さんは、育江さんからの助言で脳神経内科を受診することにしました。

検査の結果はアルツハイマー型認知症の初期の段階にあるということでした。

医師からは「初期の段階ですから今後のことも考えられますし、早めに受診されてよかったと思います」といわれました。

ワンポイント知識

そもそも認知症とは、さまざまな原因で脳の細胞が死んでしまったり、働きが悪くなったためにさまざまな障害が起こり、生活するうえで支障が出ている状態（およそ6か月以上継続）のことです。

認知症になると誰もが現れる症状を中核症状といい、記憶障害、見当識障害、理解・判断力の低下、実行機能の低下などがあります。一方、BPSD（＝Behavioral and Psychological Symptoms of Dementia行動・心理症状）は、もともとの性格、環境、人間

主な認知症のタイプ別特徴

	アルツハイマー型認知症	脳血管性認知症	レビー小体型認知症	前頭側頭型認知症
発症原因	脳の神経細胞が減少し、脳の萎縮が進行する	脳梗塞、くも膜下出血など脳血管障害に由来する	レビー小体という異物が大脳皮質に蓄積する	前頭葉や側頭葉の萎縮が徐々に進行する
初期症状	もの忘れ	脳血管障害を起こした部位により異なる	幻視・妄想	社会のルールに反する言動
特徴	見当識障害、判断力・理解力の低下など	記憶障害・運動障害・意欲低下・感情のコントロールがきかなくなるなど	パーキンソン症状・幻視・幻聴など	怒りっぽくなる・我慢がきかなくなる
進行度	緩やかなカーブを描くように進行	脳血管障害を繰り返すたびに階段状に進行	調子のよいときと悪いときを行き来しながら進行	進行するにつれて意欲低下が顕著になり、症状が目立ちにくくなる

関係などの要因がからみあって生じます。

代表的なものは「4大認知症」と呼ばれており、アルツハイマー型認知症、レビー小体型認知症、脳血管性認知症、前頭側頭型認知症を指し、脳に障害が起こっている部分の違いから、それぞれ異なる症状が現れます。最近は「認知症予防外来」を掲げる医療機関もあります。「将来認知症になる危険性がないか検査したい」「注意力や記憶力の向上が期待できる治療はないか」といったニーズに応じるところもあります。

ひとり暮らしで誰かと会話する機会があまりない場合、認知症に気づきにくいということがあります。認知症の疑いを感じる前に「認知症予防外来」を受診して、早めに認知症に備えておくと安心できそうです。

認知症の早期発見と早期対応を目的とした「もの忘れ検診」を無料で実施している自治体もあります。

●介護保険では「要介護」だと認定される

宏子さんはアルツハイマー型認知症と診断を受けた後、介護保険の申請をして「要介護1」と認定されました。

「認知症が進行したときのことを考えると、施設の入所も検討したほうがいいかしら」

宏子さんは担当になったケアマネジャーの大原さんに相談しました
大原さんは40代前半くらいのはつらつとした女性でした。

大原さんからは、施設はどんなところかを体験するために、短期間施設に宿泊する「短期入所療養介護」（ショートステイ）を利用してみてもよいのではないかと提案されました。ショートステイは要介護1以上の人が対象とのことで、宏子さんもその対象になります。

宏子さんが通っている病院に併設されている介護老人保健施設（老健）のパンフレット

ショートステイの2タイプ

ショートステイ
自宅で介護を受けている高齢者が介護施設に短期間、宿泊できるサービス

短期入所生活介護
日常生活の支援や機能訓練、レクリエーションなど（おもに特別養護老人ホーム）

短期入所療養介護
日常生活の支援に加え、医療的なケアをおこなう（介護医療院など）

に「ショートステイ」と書いてあったのを思い出しました。

介護老人保健施設（老健）は病状が安定している人が自宅へ戻ることができるよう、リハビリを中心としたケアをおこなう施設です。

大原さんが問い合わせたところ、病院に併設されたその老健では認知症専門棟があり、ショートステイにも対応しているとのことでした。

宏子さんは大原さんの提案を受け入れ、利用に向けて調整してもらうことにしました。

ショートステイで思わぬ事態に

ところがショートステイ利用第1日目から思わぬ事態が起きたようです。

宏子さんが「まわりがうるさいから家に帰らせてください」といって、居室とフロアのエレベーターの前をいったりきたりして落ち着かない様子だったというのです。

大原さんは施設の相談員の方からこの日の報告を受けました。

介護職員の方々の対応で残りの2日間は落ち着いて過ごすことができたようです。

後日、大原さんは宏子さんの家に立ち寄りました。翌月もショートステイを利用するかどうか、その確認と様子をうかがうためです。

「私、もう泊りにはいかないわ」

開口一番、宏子さんは大原さんにいいました。

「施設の職員の対応はどうでしたか?」

「施設の職員さんはていねいに対応してくれたわよ。でも、まわりにいる人が突然叫んだり、歩きまわったりして落ち着かないったらありゃしない。二度とごめんだわ」

「今回ははじめてということもあったかもしれませんね」

大原さんがなだめると、「いかないっていったら、いかないの!」と宏子さんは声を張り上げて怒り出しました。

「すみません。ではショートステイの利用はやめましょう」

大原さんは謝りましたが、たじろぐ様子はありませんでした。おそらく、そうした高齢者の言動に慣れているのでしょう。

「ごめんなさいね。私もつい言い過ぎたわ」

宏子さんは、孫のような年齢の大原さん相手に感情的に怒りをぶつけてしまった自分が恥ずかしくなりました。

「いえいえ。また近いうちに様子を見にきます」

大原さんは宏子さんの家を後にしました。

サービス付き高齢者住宅も検討したが…

「ショートステイをはじめて利用したのだけれど、私には施設は合わなかったわ。最近、サービス付き高齢者住宅というのが増えているようだけれど、あなたご存じ？ 施設とはまた違うんでしょう？」

育江さんは電話口の向こうから聞こえる宏子さんの話にうなずいていました。

「そうねぇ、でも、サ高住は要介護度が高くなったり、認知症になったり、他の入居者の生活に支障を及ぼしたときには退去を求められる場合があるみたい。それに認知症の人の場合、『リロケーションダメージ』といって環境が変わることで、不安や混乱から症状悪化の引き金になるリスクもあるというし」

その後、宏子さんはサ高住には移らず、大原さんのすすめで「地域密着型サービス」の認知症対応型通所介護（認知症デイサービス）と定期巡回・随時対応型訪問介護看護を利用することになりました。

ワンポイント知識

サービス付き高齢者住宅は「サ高住」と呼ばれ、介護を必要としない自立度が高い人や軽度の介護が必要な人が入居できます。バリアフリー構造で安否確認と生活相談サービスが提供されます。

安否確認サービスは、スタッフが定期的に居室を訪問したり、感知センサーなどのシステムを設置して状況を確認します。生活相談サービスでは日常生活を送るうえでの相談に応じるほか、医療や介護に関するサービスを受けるための支援をおこないます。

一方、地域密着型サービス（89ページ図表参照）は「住み慣れた地域で暮らす」ことを

介護保険の地域密着型サービスの種類

サービスの種類	サービスの内容	サービスの種類	サービスの内容
定期巡回・随時対応型訪問介護看護（90ページ参照）	日中と夜間を通じた複数回の定期訪問と随時の対応で、介護と看護を一体的に提供	**看護小規模多機能型居宅介護**	通称「看多機《かんたき》」と呼ばれ、医療の必要性が高い人の在宅医療を支える
（介護予防）小規模多機能型居宅介護	通いを中心に、利用者の選択に応じて訪問や泊まりのサービスを組み合わせて提供	**（介護予防）認知症対応型共同生活介護**（12ページ参照）	認知症の人がスタッフの介護を受けながら共同生活をおこなう
夜間対応型訪問介護	24時間安心して在宅生活が送れるよう、巡回などによる夜間専用の訪問介護	**地域密着型介護老人福祉施設入所者生活介護**	特別養護老人ホームのうち、定員が29人以下の小規模な施設
（介護予防）認知症対応型通所介護（90ページ参照）	認知症の人を対象にした通所介護	**地域密着型特定施設入居者生活介護**	介護付有料老人ホームなどの特定施設のうち、定員が29人以下の小規模な施設
地域密着型通所介護	定員が18人以下の小規模な通所介護		

※原則として他市町村の地域密着型サービスは利用できません。

重要視した介護保険の新しいサービス区分として2006（平成18）年から創設されました。利用にあたっては事業所と同じ市町村に住民票が必要です。

定期巡回・随時対応型訪問介護看護は、定期的な巡回や随時通報への対応など、利用者の心身の状況に応じて、24時間365日必要なサービスを必要なタイミングで柔軟に提供します。ヘルパーだけでなく看護師なども連携しています。

認知症対応型通所介護は認知症の人に対して、ご自宅から施設までの送迎をおこない、施設で食事や入浴やレクリエーションをおこないます。

宏子さんが認知症と診断されたことを知った今も、ウォーキング仲間の育江さんをはじめ趣味の仲間は宏子さんの家をときどき訪れ、おしゃべりを楽しんでいます。

「私の夫が亡くなったとき、宏子さんがステンレス製の魔法びんに入れた温かいスープを我が家にもってきてくれたの。親戚への連絡やら葬儀の準備やらで食べる時間さえないほどだったから、あのときのスープの差し入れは本当にありがたかった。心まで温かくなったわよ」

そんな思い出話に、その場にいた仲間は深くうなづいていました。

宏子さんは最近、デイサービスで教わった絵手紙を自分の家でも楽しむようになりました。筆と墨、顔彩《がんさい》（顔料を原料にした固形の絵の具）などを使って手紙を描くのです。

住所録を見ながら友人ひとりひとりの顔を思い出し、ていねいに絵手紙を描いていると不思議と心が安らぎます。

「こんな私でも友だちでいてくれてありがとう」

宏子さんは育江さんに宛てた絵手紙にそう記し、筆を置きました。

【野沢宏子さんのプロセス】

- 長男の嫁と馬が合わずひとり暮らしを選ぶ
- 友人との約束を忘れることが続く
- アルツハイマー型認知症との診断を受ける
- ショートステイを利用
- 地域密着型サービスを使い、自宅での暮らしを継続

【宏子さんの事例から知るポイント】

- 子供、嫁に期待しない
- 友人、仲間をつくる心がけをする
- 約束を忘れるなどの非礼を素直に詫びる
- 自分の不安を友人に伝える
- 症状が進む前に認知症の診断を受ける
- ショートステイが合わないことを伝える
- 感情的になって取り乱した自分を省《かえり》みる
- 地域密着型サービスの利用を検討する
- 新たな趣味を見つける
- 友人との交流を続ける
- 絵手紙で感謝の気持ちを伝える

夫の死去を機に、有料老人ホームを退所し賃貸マンションでのひとり暮らしを決断

自分のほんとうの希望を、あきらめずに実現する

架空料金請求詐欺の被害に遭《あ》い、老人ホームへの入居を検討

川崎晶子さんは、３歳年上の夫、徹さんと都内の分譲マンションで暮らしてきました。

川崎さん夫婦に転機が訪れたのは3年前のことでした。あろうことか、夫の徹さんが架空料金請求詐欺に遭ってしまったのです。

徹さんによると、スマートフォンのショートメッセージ（SMS）に「有料サイトの未納料金が発生しています」というメッセージが届いたそうです。海外のサイトなども閲覧《えつらん》していた徹さんは不安に思い、記載されていた番号に電話をかけると、コンビニでプリペイドカードを購入するように指定さ

成功例6　川崎晶子さんのプロフィール

- 79歳
- 自立（介護や支援を必要としていない状態）
- 住宅型有料老人ホームを退所
- 子供はいない
- 夫が２年前に他界

れました。その後、いわれるがままカードの番号を相手先に伝えたところ、そのまま連絡がこなくなり、お金を騙《だま》しとられたとわかったのでした。

晶子さんは、同じマンションの住人が「オレオレ詐欺で数百万円の被害に遭った」と聞きましたが、自分たちには子供がおらず、そのような被害に遭うことはないと高《たか》を括《くく》っていたのです。それだけに徹さんからその話を聞いたときは寝耳に水でした。

夫婦で警察に相談にいったところ、今後の対策のために「自動通話録音機」を無料で設置してくれました。これは電話の呼び鈴がなる前に相手方に警告メッセージが流れて通話内容を録音するものです。電話機と電話回線の間に本体を接続するだけなので取り付け工事や工具も必要なく、簡単に取り付けることができました。

ワンポイント知識

ひとり暮らしをしている筆者の母は、「疑わしい電話がよくかかってくるから」と数年前からすぐ電話に出ず、つねに留守番電話に設定し、かけてきた相手の声を確認してから電話に出るという対策を徹底しています。

友人や知人からの電話が多い母は、以前電話がかかってきて、あわてて受話器をとろうとして転倒し骨折したこともあり、「ひと息ついてから受話器をとる」という心がけは転倒の対策にもつながっているようです

最近は「迷惑電話防止機能」（電話に出る前に注意喚起《かんき》のアナウンスが流れたり、通話内容を自動で録音するなど）や「迷惑電話相談機能」（通話後に相談したい相手に電話をかけ、「相談」ボタンを押して、聞いてもらいたい録音を再生すると通話内容が流れる）、温度・湿度センサーが搭載され、熱中症の予防ができる機能が付いた電話機もあります。

現在お使いの電話機に簡単に取り付けられる簡易型の自動録音機も販売されています。

詐欺の被害額は百万円単位には及ばなかったものの、晶子さん以上に動揺していたのは徹さんでした。被害に遭ってから、「オレも耄碌《もうろく》したなぁ」とたびたび口にするようになり、「お前のことはおろか、自分自身を守っていく自信がなくなった。老人ホームに入るか」と言い出したのです。冗談かと思いましたが、徹さんの目は真剣でした。

それから2人で近辺の有料老人ホームを見学しにいくことになったのです。

いくつか見てまわり、いちばんよさそうなところに申し込みが可能かをたずねたところ、現在空《あ》きがないといわれました。夫婦でガッカリしていたところ、「同じ会社で新規オープンの住宅型老人ホームが入居者を募集中なので、そちらの見学にも足を伸ばしてみては」と紹介してくれました。

電車で2駅ほど離れた場所にあるそのホームはエントランスやダイニングに高級感がありました。「今なら夫婦ふたりで入居できる南向きの部屋が空いている」といわれ、徹さんは乗り気でした。

一方、晶子さんにはいくつか気になることがありました。

ホームの2人部屋はホテルのツインルームのようなイメージで、これまでの自宅よりは狭くなり、一部屋で夫と2人で生活することに果たして耐えられるのか、ということでした。

ホームでは、栄養バランスがとれ、カロリー計算されたメニューが毎日提供されます。

晶子さんは毎日料理をする手間から解放されると思うと飛び上がりたい気持ちでした。それに、これまでのように「めしはまだ？」といわれるたびにイラッとしていたストレスからは解放されるでしょう。

とはいえ、これまで暮らしてきた家は3LDKで、それぞれの部屋があったので、ひとりになりたいときは自分の部屋で息抜きができました。一部屋だけだと、それもできなくなります。本を読んだり、映画を見たりしているときに「お茶を入れて」などと話しかけられたりするのはうんざりでした。

加えて、ほかの入居者とうまくやっていけるかという不安もありました。見学時のホーム長の話では、現在申し込みをされている方は介助を必要としない「自立」の方もいるようで、日中は入居者が集まってイベントをする機会も多いということでした。

入居者同士の諍《いさか》いなどはないと思いますが、ホームのなかで苦手な人がいれば、逃げ場はなく、毎日顔を合わせないように気を遣いながら過ごさないといけないのです。

晶子さんがそのことを口にすると徹さんはいいました。

「前回の旅行でも他の客とのつきあいを心配していたけれど、実際いってみたら楽しかったじゃないか」

徹さんが定年退職してから、夫婦で何回か海外旅行にいきました。団体旅行なので、晶子さんは他のお客さんとの人間関係を気にしていました。それというのも、以前他の客と反《そ》りが合わず、散々な思いをした経験があったからです。

ホームは終《つい》の棲家《すみか》になり得る場です。晶子さんは、「旅行とはわけが違う」と、徹さんの言葉に釈然《しやくぜん》としませんでした。

「今は元気だからいいけれど、私たちが入ろうとしているホームは看護師が夜間配置されているわけでもないようだし、この先つねに医療が必要になったら心許《こころもと》ない感じもする。認知症になるかもしれないし」

「今からそんなこと心配していても仕方ない。部屋にナースコールは付いているし、家で生活しているよりは安心だろ」

晶子さんは、自由をとるか、安心をとるかの選択を迫られている気持ちになりました。

ワンポイント知識

「有料老人ホーム」はおもに民間企業が運営し、①「介護付有料老人ホーム」、②「住宅型有料老人ホーム」、③「健康型有料老人ホーム」があります。現在、約7割は②の住宅型で、①の介護付は約3割、③の健康型は1割未満となっています。

①の「介護付有料老人ホーム」はホームの職員がサービスを提供する「一般型」と介護サービスは委託先の介護サービス事業者が提供する「外部サービス利用型」がありま

す。各地方自治体から「特定施設入居者生活介護」の指定を受けていない有料老人ホームについては「介護付」と表示することはできません。

②の「住宅型有料老人ホーム」は食事の提供など生活の支援をおこなう高齢者向けの居住施設です。介護が必要となった場合は、外部の介護サービス事業者による「訪問介護」などのサービスを利用します。③の「健康型有料老人ホーム」は食事などのサービスが付いた高齢者向けの居住施設で、介護が必要となった場合には、契約を解除し退去することになります。

施設を選ぶ際は、あらかじめ立地や費用などの希望を明確にすること、事前に見学し入居者の様子や職員の対応を確認しておくことをおすすめします。

一方、介護保険法に基づく施設の「介護老人福祉施設（特別養護老人ホーム）」や「介護老人保健施設（老健）」、「特定施設入居者生活介護（有料老人ホームなど）」を比較・検討する場合は、都道府県が提供している「介護サービス情報公表システム」も参考になります。

同システムでは事業所の名称や提供するサービスの内容など基本的な項目の他、サービスの質の確保への取り組みや相談・苦情などへの対応など事業所運営にかかる取り組

有料老人ホームのタイプとサービス

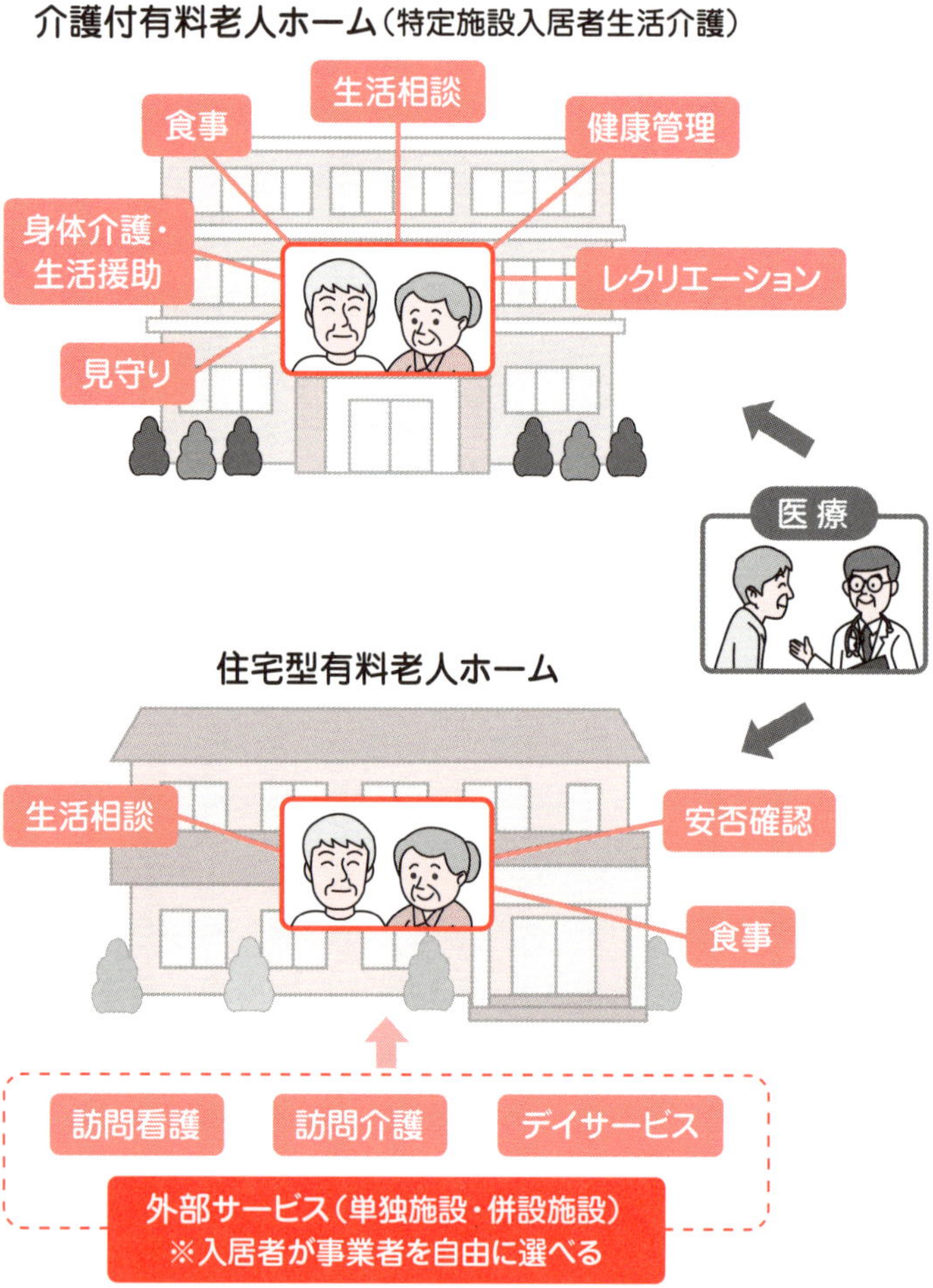

出典：厚生労働省「介護サービス情報公表システム」ウェブサイト

みなども閲覧することができます。

他には各自治体がおこなっている「福祉サービス第三者評価」も、介護老人福祉施設（特別養護老人ホーム）や特定施設入居者生活介護、通所介護（デイサービス）や訪問介護などの事業所の情報を知ることができます。第三者の目から見た評価の結果を幅ひろく利用者や事業者に公表することで利用者や家族への情報提供をおこなうとともに、事業者のサービスの質の向上に向けた取り組みを促すものです。

東京都の場合は「福ナビ　東京都福祉サービス第三者評価」から評価の内容を見ることができます。

筆者も評価機関に所属する第三者評価者のひとりとして、調査で各施設を訪問しています。

筆者が取材などで介護施設を訪れる場合は、近隣の住民などから情報を聞いてみたり、地元のタクシーの運転手から情報を得ることがあります。これまでの経験上、運転手に行先の施設名を告げて「はい、あそこね」とすぐにわかる施設は、家族の面会や外部からの来訪者も多く、地域との関わりがある開かれた施設が多かったように思います。

夫が食事中、ひんぱんにむせるようになる

晶子さんは徹さんに根負けして住宅型有料老人ホームへ入居することを決めました。

居住の権利形態は「利用権方式」です。これは各居室や食堂、浴室などの共用部などを終身にわたって利用する権利に対価を支払うやり方で、その対価の全額または一部を前払金として入居時に納めるのが入居一時金です。川崎さん夫婦はこれまで住んでいた分譲マンションを売却し、入居一時金と月額利用料に充てることにしました。

老人ホームでの暮らしに不安を抱いていた晶子さんですが、その生活に徐々に慣れていきました。外出が自由なので、ひとりの時間をもちたいときは、ホームの近くのカフェにいき、息抜きをすることもありました。

徹さんは親しくなった入居者と囲碁をしたり、ときには晩酌《ばんしゃく》をすることもあり、「マンションに住んでいた頃よりも退屈しなくていい」と満足しているようでした。

ところがホームに入居してから約1年後、徹さんが食事の際にたびたびむせるようになりました。苦しそうな夫の様子を見かねた晶子さんは思い切ってホームのスタッフに相談すると、その話が看護師に伝えられました。

看護師の話では摂食《せっしょく》・嚥下《えんげ》障害の疑いがあるということでした。

誤嚥性肺炎の症状

一般的な症状（例）	症状が出にくいケース（例）
● 37.5℃以上の熱 ● 黄色や緑色の痰（たん）が出る ● 食事中にむせる ● 動悸がする、脈が速い（100回／分） ● 呼吸が苦しそう　など	● 熱が出ない　もしくは微熱程度 ● 咳や痰（たん）などの症状が、あまり見られない ● 体重が減ってきた ● 食欲がない ● ぼんやりしている　など

ワンポイント知識

人はものを食べる際、脳からの指令で口や喉《のど》を動かして、外部から水分や食物を口に取り込み、胃へ送り込みます。この一連の過程を「摂食嚥下」といい、この過程に支障をきたすのが「摂食嚥下障害」です。

「食物を口にため込んで飲み込めない」「むせて食べられない」「食物が喉を通らない」といった症状が特徴的に見られます。脳血管障害による麻痺《まひ》の他、加齢による筋力の低下なども原因となります。

摂食嚥下障害になると、生命の危機に直結する肺炎、窒息《ちっそく》、低栄養、脱水などを引き起こすことがあります。さらに、食べることの障害は、食べる楽しみを失うという生活の質（ＱＯＬ）にも影響をもたらします。摂食嚥下障害によって起きる「誤嚥《ごえん》」は、本来食道や胃に入るはずのものが、誤って気管や肺に入ることです。誤嚥性肺炎は誤嚥をした結果として生じた肺炎のことです。

食べ物や飲み物などを誤嚥するケース以外にも、睡眠中に唾液や口腔内《こうくうない》の細菌が気管に入り誤嚥した結果、誤嚥性肺炎となる場合もあります。

二度目の岐路で「ひとり暮らし」を選ぶ

ホームでは毎日入居者の検温をしていますが、徹さんは37・5度前後の熱が続き、日中は部屋から出ずに自室で寝込むことが増えました。

ホームの看護師からは「受診したほうがいい」といわれ、ホームの近くの病院を受診。晶子さんも同行しました。病院で検査をおこなったところ、重症化しているため、入院治療が必要だといわれました。入院中は抗生物質で治療をおこない、症状は改善しました。

徹さんは退院してホームに戻りましたが、しばらくするとふたたび肺炎となり、二度目の入院中に亡くなりました。

いずれ夫はホームに戻って生活できると思っていた晶子さんは、しばらく夫の死を受け入れることができませんでした。

晶子さんはこの先の身の処し方について考えました。すでに入居一時金の支払いは済ませています。また、このホームに入居するときに、これまで住んでいたマンションは売却してしまっているので、戻る家はありません。

いちばん楽なのは、ホームのこの部屋で継続して暮らすという選択でした。

「私のような高齢者の場合は賃貸マンションも借りづらいような話も聞くし、やはりこのままここで暮らすのが安心なのかしら」

夫の葬儀から2か月ほど経ち、晶子さんは妹の智子さんに相談をしました。

智子さんからは、「マンションを売却したときの不動産会社に相談してみてはどうか」と提案されました。

その後、不動産会社の担当者に相談したところ、運よく入居できる賃貸マンションが見つかりました。

この先、いつまで介護を必要とせずに暮らせるかはわからないけれど、今度は自分の意志で決めたいと晶子さんはホームを退所する決断をしました。

施設では「安全」「安心」な生活が確保されますが、まだ介護も支援も必要ない晶子さんには、その枷《かせ》をはめられたように感じたからです。

退所にあたっては入居金の一部が返還されました。加えて夫が残してくれた遺産で十分この先も生活していけそうでした。自分の望みを叶えられたのも夫のおかげです。

晶子さんは、高齢者のご夫婦が自治体に多額の寄付をしたというニュースを見て感銘《かんめい》を受け、自分が亡くなった後は財産を遺贈したいと考えました。子供がいない人生を歩んできたため、児童養護施設に遺贈し、未来を担《にな》う子供たちに役立ててほしいと思っています。

ワンポイント知識

「相続」とは、亡くなった方が生前もっていた、すべての権利や義務を、配偶者や子供などの法定相続人が引き継ぐことです。

一方、「遺贈」は遺言を通じ、相続人や相続人以外に無償で金銭や家屋、土地などの財産を贈る行為です。

遺贈をおこなう人は遺贈者、遺言によって遺産を受ける人は受遺者といいます。基本

相続と遺贈の違い

相続

死亡によって親族に財産が移る

遺贈

遺言に基づき財産を渡す

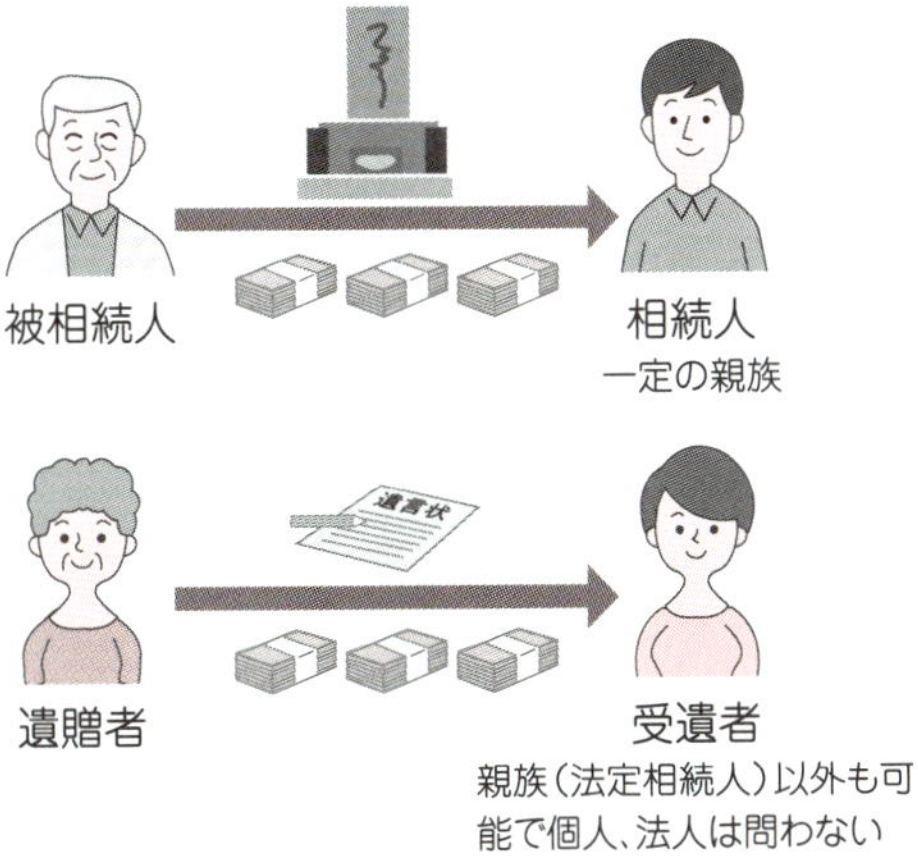

的には、どんな人でも受遺者に指定することができます。相続人以外に財産を取得させる唯一の手段で、民法第964条で保障されています。

遺贈には「Aに預貯金をすべて遺贈する」など具体的な財産や対象を指定して遺贈する「特定遺贈」と、特定せず「Bに財産の半分を遺贈する」など割合で遺贈する「包括遺贈」の2種類があり、いずれも遺言者が死亡したときに効力を発揮します。

夫が亡くなり、有料老人ホームを退去することを決めてから、次から次へとやることがあり、目の前のことに意識を向けるようにしてきました。ところが賃貸マンションに移って生活が落ち着いてくると、晶子さんは喪失感に苛《さいな》まれました。

晶子さんは、最近「グリーフケア外来」の診療科を設けている医療機関があることを知り、受診を考えています。グリーフケア（遺族ケア）は、死別の悲しみを抱える家族に寄りそい、立ち直りをサポートすることです。

晶子さんは周囲の力も借りながら、回復を焦らず毎日を過ごしていこうと思っています。

【川崎晶子さんのプロセス】

- 詐欺に遭い有料老人ホームへの入居を決める
- 入居から1年後に夫が誤嚥性肺炎となる
- 入院中に夫が他界
- 住宅型有料老人ホームを退所
- 賃貸マンションでひとり暮らしを実現

【晶子さんの事例から知るポイント】

- 詐欺に遭ったら警察に相談し、電話に対策を施す
- 有料老人ホームへの入居前に複数見学する
- 入所前には資金計画を立てておく
- 摂食嚥下障害について理解する
- 自分の希望をあきらめずに行動する
- 高齢者でも入居できる賃貸マンションもあることを知る
- 自分亡き後の財産について検討する
- 「グリーフケア外来」があることを知る
- 亡き夫に感謝の気持ちを持ち続ける

関節リウマチで指が自由に動かなくても住宅改修や自助具の活用で乗り切れる

階段昇降機も設置して自分流の住まいに！

ショック、更年期の症状だと思っていたのに…

田川愛理さんは50歳を過ぎた頃から指の関節に痛みを感じるようになりました。とくに朝起きたときに手が動かしにくいということがありました。

同年代の友人の何人かにそのことを話すと「私も関節が痛いのよね」という人が少なからずいました。なかには整形外科を受診したという友人もおり、よくよく話を聞いてみると「へバーデン結節《けっせつ》」と診断され、更年期障害の症状の1つだといわれたそうです。

愛理さんの友人の話では、更年期には女性ホルモンであるエストロゲン（卵胞《らんぽう》ホルモン）の分泌が急激に低下するとのこ

成功例7　田川愛理さんのプロフィール

- ■66歳
- ■50代で関節リウマチの診断を受ける
- ■要介護4
- ■戸建て住宅にひとり暮らし
- ■夫とは別居

と。このエストロゲンの分泌が低下すると、エストロゲンによって調整されていた体のいろいろな機能がうまく働かなくなるそうです。更年期は閉経の時期をはさんだ前後10年間（一般的に45〜55歳頃）のこと。当時の愛理さんは自分もへバーデン結節なのではと疑い、整形外科を受診することにしました。

整形外科では問診、血液検査、画像検査などがおこなわれました。当日中に検査の結果はわからないとのことで、後日あらためて整形外科を受診したところ、医師からは「関節リウマチの疑いがある」と告げられたのです。

更年期による症状とばかり思っていた愛理さんは、思いもよらなかった診断にショックを受けました。念のため他の医師の意見も聞きたいと思い、別の医療機関で「セカンドオピニオン」を受けることに。紹介状や検査結果、画像データなどを持参し、診断が適切かどうかの意見を求めました。一縷《いちる》の望みも叶わず、診断結果はやはり「関節リウマチ」でした。

「早期に発見できてよかったですよ。関節リウマチの治療は以前に比べて進化していますから、さっそく治療をはじめましょう」と医師から助言されました。

ワンポイント知識

関節リウマチは、免疫の異常により、おもに手足の関節が腫《は》れたり痛んだりします。関節を動かさなくても痛みが生じる、左右の関節で同時に症状が生じやすいことも特徴です。

早期に現れやすい関節リウマチの症状としては、朝起きてすぐに手が開きにくい、関節に痛みが生じる、微熱、倦怠感《けんたいかん》、食欲不振などがあります。どの年齢でも発症する可能性はありますが、とくに30〜50代の人が多く、男性に比べて女性の割合が約4倍高いようです。現在国内の患者数は70万人以上ともいわれています。

進行すると、骨や軟骨が壊れて関節が動かせなくなり、日常生活が大きく制限されます。炎症は関節だけでなく、目や肺などの全身にひろがることもあります。

細菌やウイルスなどの外敵から体を守るしくみを「免疫」といい、このしくみが異常を起こし、関節を守る組織や骨、軟骨を外敵と見なして攻撃します。

このような病気は「自己免疫疾患《じこめんえきしっかん》」と呼ばれ、体質的にかかりやすい人が、なんらかの原因によって発症すると考えられています。現時点で原因はよくわかっていませんが、

リウマチの初期症状のチェックリスト

- □ 服のボタンを外すのが難しい
- □ ドアの鍵が開けにくい
- □ 歯ブラシがもちにくい
- □ タオルで体を拭きにくい
- □ テレビのリモコン操作がやりにくい
- □ 起床時に手がこわばる
- □ 腰を曲げて床にあるものを拾えない
- □ 靴ひもやリボンを結ぶのが難しい
- □ ハサミで紙を切るのが難しい
- □ 箸《はし》がうまく使えない

細菌やウイルスの感染、過労やストレス、喫煙、けがなどをきっかけに発症することがあります。

リウマチの治療によって、関節痛などの症状が消え、血液検査などの値も正常に戻った状態を寛解《かんかい》といいますが、以前はこの寛解に至る患者さんはごく一部でした。しかし、近年は関節リウマチ治療がめざましく進歩し、寛解に到達する患者数は増加しています。

夫に異変が生じ、オンラインのメンタルクリニックを受診

愛理さんは30代後半で幼なじみの広明さんと結婚。

夫の広明さんに異変が起きたのは55歳のときでした。深夜から朝方近くになるまで毎晩のようにダイニングでお酒を飲むようになったのです。理由をたずねると「寝つけない」といい、明け方に様子をうかがうとソファでうたた寝。出社ぎりぎりまで寝ているので朝食を食べずに家を出て、「食欲がない」と用意した夕食も食べない日が続きました。

愛理さんは看護師の友人に広明さんの様子を伝えて相談したところ、「一度、メンタルクリニックを受診してみてもよいのではないか」とのことでした。

友人のアドバイスを聞いて夫にメンタルクリニックの受診を促《うなが》しましたが、「忙しいから」となかなか首を縦に振ってくれませんでした。

そこで、愛理さんはオンラインでも診察をしてくれるメンタルクリニックを探し、予約をしてしまいました。そのことを広明さんに伝えると怪訝《けげん》そうな表情を見せつつも受診を承諾してくれました。クリニックにいく面倒がなく、待ち時間も省けることもあって受診する気になったのかもしれません。

オンライン診療の結果、広明さんはうつ病と診断されました。職場のストレスも一因の

ようでしたが、愛理さんは関節リウマチの症状がある自分の存在も、広明さんがうつ病になった一因なのではないかと自責の念に駆られました。

広明さんのうつ病の治療がはじまり、愛理さんの治療費と合わせて、「医療費控除」の対象になることがわかりました。

ワンポイント知識

医療費控除は、自分や自分と生計が一緒になっている人（配偶者、親族）が、その年の1月1日から12月31日までに支払った医療費が一定額を超えたとき、その超えた分の金額を、課税の対象となる「所得」から差し引くことができ、確定申告をすることで所得税の控除が受けられる制度です。

計算としては1年間に支払った医療費の合計額を算出し、その合計額から、民間の生命保険などで給付される金額や健康保険などで支給される高額療養費などによって補塡《ほてん》された金額を引き、さらに10万円（所得200万円未満の人は所得の5％）を引きます。残った金額が医療費控除の額です（最高200万円、116ページ図表参照）。

医療費控除の仕組み

その年中に支払った医療費の総額
1/1〜12/31までに支払った金額

−《マイナス》

生保や健保からの保険金や補てん
補てん見込みのものも含む

−《マイナス》

所得金額5% or 10万円
上記のいずれか少ないほう

＝

医療費控除額
最高200万円

通院にかかった交通費、歯の治療費（保険対象外の治療費も可）、介護老人保健施設や介護医療院の食費・居住費を含む自己負担額など介護保険のサービスにも医療費控除の対象となるものがあります。会社員の人で医療費控除をする場合、会社の年末調整とは別に自身で確定申告の手続きをおこなう必要があります。

なお、医療費控除はセルフメディケーション制度（税制）との併用はできません。セルフメディケーション制度は、保険者（健康保険組合、市町村国保など）が実施する健康診査など一定の取り組みをおこなっている個人が年間1万2000円以上のスイッチOTC医薬品（薬局やドラッグストアで購入できる市販の医薬品）を購入した際に所得控除を受けられるようにしたものです。具体的な対象医薬品の一覧は厚生労働省のホームページに掲載されています。

治療を続けることで広明さんのうつ病の症状は徐々に改善していきました。夜通しリビングで酒を飲むこともなくなり、愛理さんの心配もいくぶんか減りました。

愛理さんは広明さんの59歳の誕生日に「60歳で定年退職をしたい。そうすれば家事にももっと参加できるようになると思うから」と打ち明けられ、戸惑い、言葉に詰まりました。

愛理さんは50代前半で関節リウマチと診断を受けてから退職したものの、在宅ワークでテレアポ（電話接客業務）などの仕事を続けてきました。

共働きで貯金をし、子育てにかけるお金も必要ないため、経済的な不安はあまり感じませんでしたが、広明さんが退職して家にいることになったら自分の介助で全面的に負担をかけることになると思ったからです。

それというのも、広明さんがうつ病を患《わずら》ってから愛理さんは治療を中断していた時期がありました。その影響なのか関節リウマチが進行し、家事が思うようにこなせなくなっていました。

広明さんはまだうつ病の治療段階にあり、愛理さんのことでストレスを増やしてしまうという懸念《けねん》もありました。愛理さんは勇気をもって自分の想いを切り出しました。

「あなたが60歳になったら別居したいと思っているの」

意外な愛理さんの提案に、こんどは広明さんが返答に窮《きゅう》していました。

「あなたは自分の治療に専念すればいい。私も治療を再開して、自分の体のことに専念します」

ここ何年か、愛理さんはうつ病を患った広明さんに対して腫《は》れ物に触るように接してきて、ほとほと精神を消耗していました。ケンカになりそうなので、そのことには触れませんでした。

●夫婦で別居を選択し、60代でひとり暮らしに

退職後、広明さんは2人で生活していた家を出て実家に戻りました。地方ののんびりとした環境で高齢の両親の世話をしながら暮らすことを選択したようでした。

広明さんと愛理さんは結婚時に2階建ての中古の戸建て住宅を購入して暮らしていまし

たが、広明さんが実家に戻ったあと、愛理さんはここでの暮らしを継続することになりました。

これからの生活に心細さはありましたが、同居人に気を遣わなくていいという開放感は何ものにも代え難い喜びでした。

お互いを想うばかりに自分の体を労《いた》われなくなっていた2人の関係。この先、離婚へと発展するかはわかりませんが、今は別居というかたちが望ましいように思えました。

関節リウマチの持病を抱えながらひとり暮らしを続けるために愛理さんは着々と準備を進めることにしました。

まずは介護保険制度の申請です。介護保険制度は原則として65歳以上の「第1号被保険者」が対象ですが、関節リウマチは「特定疾病」の指定を受けているため（48ページ参照）、支援や介護が必要だと認定された場合には介護サービスが利用できるのです。

要介護認定で愛理さんは「要介護4」の認定を受けました。

愛理さんが介護保険を利用してまずおこないたかったことは、住宅改修と福祉用具のレンタルでした。

ワンポイント知識

介護保険で住宅改修のサービスを利用すると、20万円を上限に工事費用の7～9割が給付されます。一度の工事で上限額を超えなかった場合は数回に分けて利用できます。

対象となる工事は、①廊下や階段、浴室やトイレなどへの手すりの取り付け、②段差解消のためのスロープなどの設置、敷居撤去《しきいてっきょ》など、③転倒防止、移動を円滑《えんかつ》にするための床材の変更、④扉の引き戸などへの取り替え、⑤洋式などへの便器の取り替え、⑥、①～⑤までの住宅改修に付帯して必要となる工事、が対象です。

住宅改修を依頼する場合は介護保険の住宅改修の実績がある事業者を選ぶのがおすすめです。また、訪問介護や訪問リハビリのサービスを利用している場合は、看護師や理学療法士にアドバイスをもらうとよいでしょう。

介護保険には車いすや介護用ベッドなどが借りられる福祉用具貸与（レンタル）のサービスがあります。福祉用具のレンタルは、ほかの介護サービスとあわせて支給限度額の範囲内であれば1～3割の負担で借りられます。ただし、要支援1・2、要介護1と認定された人は車いすなどの福祉用具は原則レンタルができないため、ケアマネジャーなどに確認を。また、排泄や入浴に関するものなどレンタルになじまない福祉用具を1~3割の負担で購入できる「特定福祉用具販売」のサービスもあります。「特定福祉用具販売」は1年度につき10万円を上限額として1~3割の負担で購入できます。

愛理さんは両手の指が自由に動かず、つかんだり、ひねったりすることができなくなったことに加え、歩行も困難になってきました。

階段の上り下りもできず、1階のリビングだけで生活するようになっていました。入居した当時は2階の一室を自分の部屋にしていたため、自分の持ち物を広明さんにとってきてもらうこともたびたびありました。

ところが、ひとり暮らしになってからはそれができなくなりました。考えた挙句、イス式階段昇降機を設置することにしました。階段上にレールを固定して、イスがレール上を行き来するタイプです。イス式階段昇降機は介護保険の対象外とのことで、愛理さんは自費で購入することにしましたが、自治体のなかには独自に助成金を設けている場合があり、諸条件を満たしていれば補助が受けられる場合もあるようです。

他に介護保険で車いすや介護用ベッド、手のひらや前腕で支えられる面タイプの手すり、玄関の段差を解消するスロープなどをレンタルし、入浴の際に腰かけるシャワーチェアは特定福祉用具購入を利用しました。トイレは車いすでも出入りしやすいよう、ドアを押し戸から引き戸に、床材も滑《すべ》りにくい素材に張り替えるなどの改修もおこないました。

生活の不便を解消するための改修工事をおこないましたが、今後は家の水まわりや屋根、外壁などのリフォームも検討していかなければならないでしょう。

愛理さんは改修工事と並行しながら、不要なものは処分しました。家を整理することで動きやすくなるのと同時に、60歳を過ぎたら終活の一環として物を減らしていこうと決めたのです。まだ使えそうな洋服やバッグは個人間で商品を売買できるフリマアプリで販売するのもよいかな、などと思いを巡らせました。

これからは、ものをもつことではなく、もたないことに価値をおく暮らしをしていきたいと思っています。

他に訪問介護でヘルパーさんにきてもらい、掃除や洗濯、入浴や排泄《はいせつ》の介助をおこなう「身体介護」を依頼しています。

ヘルパーさんがいない時間は自助具を使って自分の身のまわりのことをできるよう工夫し

ています。例えば、着替えのときは指先を細かく動かすことなくボタン掛けができる「ボタンエイド」や腰をかがめることなく靴下がはける「ソックスエイド」などを使ったり、洗濯物を干したり、床に落ちたものを拾ったりするときは「リーチャー」(70センチほどの棒の先にカギ型の金具がついている)が大活躍しています。

このほか、身体障害者手帳の交付を受けるための手続きもおこないました。身体障害者手帳を取得すると、所得税の減税や鉄道やタクシーの運賃の割引などのメリットがあると知りました。

愛理さんは医師の話を聞いたうえで生物学的製剤による治療をはじめたいと思っています。これはバイオテクノロジー(遺伝子組み換え技術や細胞培養技術)を用いて製造された薬剤で、点滴か皮下注射で投与されます。

費用が高額のため、高額療養費制度も利用していきたいと考えています。これは、同一月にかかった医療費の自己負担額が高額になり、一定額を超えた場合、超過した金額が後で払い戻されるというもの。事前に「限度額適用認定証」の申請手続きをしておき、窓口で提示すれば支払う金額を自己負担限度額にとどめることができます。

こうした情報は、関節リウマチの患者のための会で知りました。愛理さんは病院内にある図書コーナーで患者の会のことを知り、さっそく入会することを決めたのです。

今後、自分と同じような環境で、同じような想いを抱きながら生活している人とつながることができるかもしれません。

関節リウマチを患ったことで日常生活に不便はありますが、自分が以前よりも強く、積極的になったと愛理さんは感じています。

【田川愛理さんのプロセス】

- 50代に入り、関節リウマチの診断を受ける
- 夫がうつ病の診断を受ける
- 夫との別居を決める
- イス式階段昇降機を設置し、住宅改修や福祉用具のレンタルをおこなう
- 関節リウマチの患者の会に入る

【愛理さんの事例から知るポイント】

- 診断結果に不安があればセカンドオピニオンを
- 医療費控除の手続きをする
- オンライン診療の選択もある
- 自分の気持ちに向き合い、夫婦の別居を提案
- 快適な住まいづくりのために出費する
- 不要なものを処分し、ものを減らす
- 訪問介護のサービスを利用
- 自助具を活用する
- 障害者手帳を取得
- 悩みを共有し合えることを求め、患者の会に入る

手足が動かせない重病に冒されてもヘルパーやボランティアの支援で事業を起こす

体が動かなくなっても、意欲次第で可能性は無限にひろがる！

通院を続けるも一向に改善せず、誤診が判明

40代で家事代行の会社を起業した柴田富枝さんは、会社を経営する立場でありながら自らも率先して現場で働くタイプで、依頼者の家を訪問し、サポートをおこなってきました。

富枝さんが自身の体の異変に気づいたのは59歳のとき。仕事の最中にイスを持ち上げられない、食事中に箸《はし》がもてないということが起きたのです。

おかしいなと思い、近くの整形外科を受診したところ、「頸椎症《けいついしょう》ではないか」といわれました。

頸椎症とは加齢によって首の骨である頸椎に変化が生じた結果、脊髄《せきずい》（脳からつながる太い神経）が圧迫されて、さまざまな神経症状が起こる病気です。

数か月ほど整形外科に通院していましたが改善せず、医師からは「手術を検討してもよいのではないか」と提案されました。

富枝さんは手術のことを娘の知可さんに相談したところ、「整形外科ではなく脳神経内科を受診してみてはどうか」といわれました。

知可さんいわく、ラジオで聞いた病気の症状に似ており、その番組では脳神経内科の医師が解説していたとのことでした。

知可さんは富枝さんのひとり娘で頼りになる相談相手でした。知可さんは富枝さんの住まいから電車で30分ほど離れた場所に夫婦で暮らしています。

富枝さんは、さっそく大学病院の脳神経内科を受診することにしました。

それから1か月ほど待ち、ようやく入院の運びとなりました。入院中は、診察、血液検査、画像検査、神経伝導検査や針筋電図、髄液《ずいえき》検査などをおこない、「筋《きん》萎《い》縮《しゅく》性《せい》側《そく》索《さく》硬《こう》化《か》症《しょう》（ALS）でしょう」と告知されました。

富枝さんはショックを隠せず、「どうか間違いであってほしい」と思いました。

成功例8　柴田富枝さんのプロフィール

- ■70歳
- ■筋萎縮性側索硬化症（ALS）を患う
- ■要介護5
- ■賃貸マンションで暮らす
- ■訪問介護事業所を設立

ワンポイント知識

ALSについて「難病で自分には関係ないこと」と思われる方もいるかもしれませんが、患者数は年々増加傾向にあります。日本における患者数は約1万人ながら中年以降いずれの年齢の人でもかかることがあり、50〜70代で発症する人が多いといわれます。

運動神経が損傷し、脳から筋肉への指令が伝わらなくなる病気です。筋肉そのものではなく、筋肉を動かし、運動をつかさどる神経（運動ニューロン）だけが障害を受け、脳から「手足を動かして」という命令が伝わらなくなることで力が弱くなり、筋肉がやせて力が入らなくなり、歩けなくなります。

また、声が出しにくくなる構音障害や摂食嚥下《えんげ》障害が起こります（103ページ参照）。進行すると呼吸筋も弱まるため、最悪、呼吸不全に陥ります。その一方で、体の感覚や知能、視力や聴力、内臓機能などはすべて保たれます。

進行性の病気で症状が軽くなることはありません。進行の早さや初期症状は人によって異なります。短期間で急激に体が動かなくなる患者がいる一方、10年以上かけてゆっくりと症状が進行するケースもあります。約9割が遺伝と無関係に発症します。

筋萎縮性側索硬化症（ALS）とは

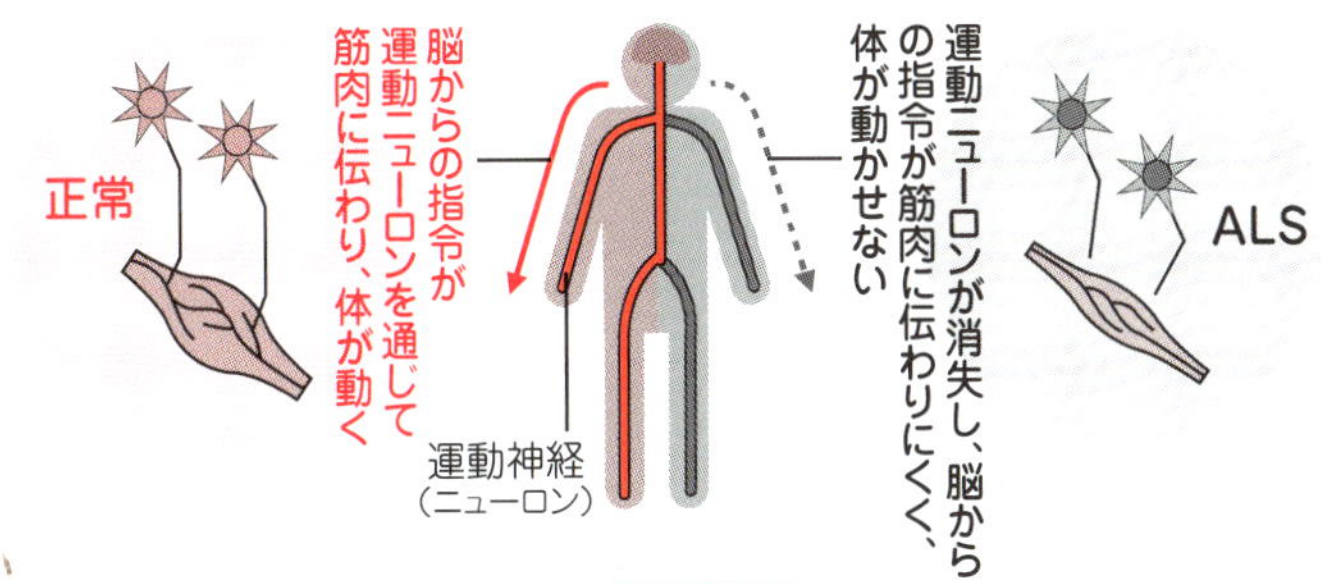
正常
脳からの指令が運動ニューロンを通じて筋肉に伝わり、体が動く
運動神経（ニューロン）
運動ニューロンが消失し、脳からの指令が筋肉に伝わりにくく、体が動かせない
ALS

初期症状の例

- 細かい作業がしづらい
- つまずきやすい
- ものが重く感じられる
- ろれつが回らない など

特　徴

- 患者数は日本全国で約1万人
- 男性に多く、かかりやすいのは50〜70代
- 全身の筋肉がやせて力が入らなくなる

脳や神経の病気のうち、原因がわからず、治療方法がなく、長期にわたって生活に支障をきたす病気のことを神経難病といいますが、ＡＬＳのほかにも、ギラン・バレー症候群（手や足に力が入らなくなる）や脊髄小脳変性症（運動や認知機能に影響が出る）などがあります。

原因不明で治療方法が確立していない、いわゆる難病のうち、厚生労働大臣が定める疾病を、「指定難病」といい、ＡＬＳは指定難病に認定されています。今後も原因の解明や治療薬の発見が期待されます。

娘からの同居の申し出を断り、ひとり暮らしを貫く

頸椎症と診断されて通院し、結果的にＡＬＳだと診断を受けるまでに7か月ほどの期間を要しました。富枝さんは頸椎症と誤診され、数か月にわたり通院していたことを考えると、腹の虫がおさまりませんでした。整形外科に通っていなければもっと早くＡＬＳの治療をすることができたはずなのです。

「誤診されたことを訴えたいくらい！」

電話口で憤慨する富枝さんを知可さんがなだめます。

「以前ラジオで聞いたＡＬＳの症状と似ていたから、そうかもしれないなと感じてたのよ。手術する前にＡＬＳだとわかってよかった。これからのことを考えたほうがいいと思う」

「そうね、知可からいわれなかったら、脳神経内科を受診することなく整形外科で手術を受けていたでしょうね。ありがとう」

富枝さんは徐々に冷静さを取り戻していました。

「これからひとりで生活するのは難しいと思う。長く入院できる病院もあるみたいだけれど、私たちと同居するという選択もあるよ」

知可さんは富枝さんのＡＬＳが進行することもふまえ、自分が介護をしていく覚悟を決

めており、さりげなく同居を提案したのです。

知可さんの同居の誘いに富枝さんはキッパリといいました。

「同居のお誘いはとてもありがたいけれど断るわ。娘にずっと気を遣いながら生活するのもストレスがたまると思うのよ。だったらひとり暮らしを選びたい」

知可さんは母親の富枝さんの気の強さと頑固さはよく理解していました。

知可さんの両親は中学1年のときに離婚しました。父親のギャンブル依存症が原因でした。父親は「迷惑をかけて悪かった。頼むから離婚しないでほしい」と懇願《こんがん》しましたが、母親の富枝さんは「私の見る目がなかった」とその申し出を頑《かたく》なに拒否し、父親のそれまでの借金を肩代わりすることと引き換えに離婚届に判を押させたのでした。

過去にあったこのような出来事からも、気丈な富枝さんがひとり暮らしという選択を貫き通すであろうことは、知可さんにとっては想像に難くないことでした。

「その状態でひとり暮らしは無理でしょう」という人も多いでしょうが、世間体を気にしない富枝さんの性格も知可さんは十分知っていました。

それ以来、知可さんは少し離れた距離から母親の富枝さんをサポートしようと決めたのです。

富枝さんは知可さんのサポートを受けながら、フォーマルなサービスの手続きを進めていきました。

ＡＬＳの患者にはさまざまな「社会的資源」があります。社会的資源とは利用者が抱えている問題を解決するために地域や社会全体で提供されるさまざまな支援やサービスのことで、制度などの公的なサービスは「フォーマルサービス」、ボランティアや自主的なサービスは「インフォーマルサービス」と呼ばれます。

ワンポイント知識

ＡＬＳの患者が利用できる制度としては以下のようなものがあります。

●「指定難病医療費助成制度」

国が指定した難病（指定難病）の患者の医療費（自己負担分）を助成してくれる制度です。この制度を利用すると、自己負担上限額を超えた分の医療費は公費で負担されます

●「身体障害者手帳」

身体障害者手帳は、障害の程度により１～６等級に分けられており、等級に応じて、

各種税の減免及び控除、公共料金の割引・減免（JR、航空旅客運賃、有料道路通行料金など）、日常生活用具の給付・修理などのサービスが受けられます

身体障害者手帳の交付を受け、1～2級（市町によっては3級のところもある）に該当すれば、「重度心身障害者医療費受給者証」を取得できます。この証書が交付されると、かぜやけがなどの治療でも、医療費の保険自己負担分（全額または一部）が公費で賄《まかな》えます。

●「自立支援給付」

障害がある人への支援を定めた「障害者総合支援法」によって提供されるサービスの「自立支援給付」では重度訪問介護（介護保険の訪問介護と違い、見守り等を含む比較的長時間にわたる支援をおこなう）、短期入所（ショートステイ）、重度障害者等包括支援（常時介護が必要で意思疎通《そつう》が難しい障害者を対象に、サービス利用計画に基づいて複数のサービスを提供する）などを利用できます

●「介護保険制度」

ALSの場合は、特定疾病（48ページ参照）に該当するため第2号被保険者として40～64歳の人も利用できます

少しでも長く生きるために

その後、富枝さんの状態やまわりの環境は目まぐるしく変化しました。口から食べることが少しずつ難しくなり、急激に体重が減り、ついには誤嚥性肺炎《ごえんせいはいえん》（103ページ参照）で入院しました。体重を維持することは生存期間を延ばすためにも大切だと知り、胃ろうをつくることを決めたのです。胃ろうとは胃に穴をあけ、そこに管を通して水分や栄養を注入するしくみのことです。

さらに、比較的症状が軽かった時期は付け外しが簡単にできるタイプのマスク型人工呼吸器を使っていましたが、症状が進むにつれて痰《たん》を出すことが難しくなり、喉《のど》の上の部分を小さく切開する気管切開をして人工呼吸器（肺に出入りする空気の流れを補助する機械）を装着することになりました。

ＡＬＳの患者のなかには胃ろうや人口呼吸器をつけることを望まない人もいるようですが、富枝さんはそれらをつけることで、「少しでも長く生きる」という選択をしたのです。

家にいても「訪問診療」で診察や医療についての相談をすることができます。訪問診療では医師が定期的に自宅を訪問してくれます。

さらに富枝さんにとっては「訪問看護」も心強い存在でした。訪問看護師は主治医の指示に基づいて医療的な処置やアドバイスをおこないます。

富枝さんの自宅に訪問する看護師の葉山さんは、日本胸部外科学会、日本呼吸器学会、日本麻酔科学会という3つの学会が認定する呼吸療法認定士の資格をもっていました。

葉山さんは訪問するとまず富枝さんの胸に聴診器をあてがい胸の音を確認し、痰を排出する「体位ドレナージ」をおこないます。痰は肺の低い場所にたまりやすいため、体の向きを変え、痰を吐き出しやすくする方法です。人工呼吸器を装着している場合、痰がたまりやすいのだといいます。

時々母親の介助をしに訪れる知可さんは葉山さんから痰の吸引方法を教わりました。

ワンポイント知識

痰の吸引は医療行為のため原則として医師や看護師がおこなうことになっていますが、在宅介護の場合は入院時のように医療提供者が常に痰の吸引をおこなうことは不可能です。そのため、患者が同意していることを前提に、医師、看護師による患者の病状の把握と療養環境の管理、「痰の吸引」に関する家族への教育など、一定の条件を満たしていれば患者の家族が痰の吸引をおこなえます。

一方、2012(平成24)年4月の法改正により一定の研修を受けた介護職員等が痰吸引と経管《けいかん》栄養の実施ができるようになりました。研修(実地研修含む)の修了によって、施設や在宅で喀痰《かくたん》吸引などをおこなうことが認められます。

実施可能な行為としては、痰の吸引(口腔内《こうくうない》、鼻腔内、気管カニューレ内部)、経管栄養(胃ろうまたは腸ろう、経鼻《けいび》経管《けいかん》栄養)で、研修の内容に応じ、これらの行為の一部またはすべてがおこなえるようになりました。


富枝さんの場合、「訪問診療」と「訪問看護」は医療保険を使っています。ほかに、「訪問入浴介護」と「訪問リハビリ」は介護保険を利用しています。


「訪問入浴介護」は看護師1名と介護職員2名の計3名が訪問し、組み立て式の特殊な浴槽《よくそう》を設置し、入浴の介助を提供するサービスです。入浴前には看護師が血圧、脈拍、体温など体調の確認をし、脱衣↓入浴↓着衣の一連の流れを手際よくおこなってくれます。

「訪問入浴介護」は週1回程度の利用で、それ以外は看護師や介護スタッフの介助でシャ

訪問入浴介護の例

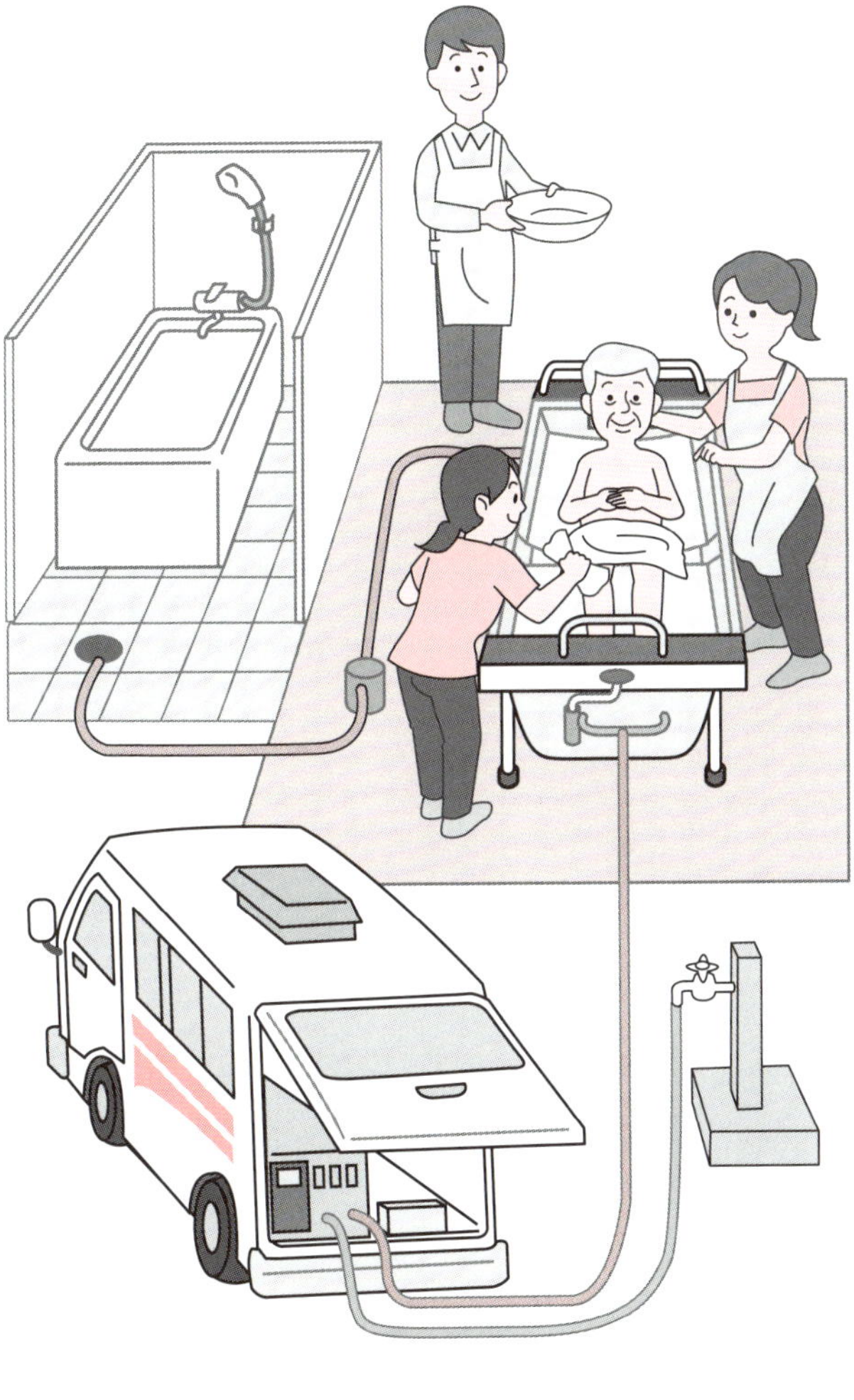

ワーを浴びています。

「訪問リハビリ」では理学療法士（PT＝Physical Therapist）が訪問し、拘縮《こうしゅく》予防のために、手足の関節を動かしたりマッサージをしてくれることもあります。関節や筋肉が固まって動かなくなる状態を拘縮といい、寝ている状態が長く続くと、拘縮への対処が必要になるようです。

●家族以外の「大家族」とともに

富枝さんの家には二六時中「誰か」が介助のために滞在しています。

生活の介助をおこなうヘルパーは介護保険による「訪問介護」と自立支援給付の「重度訪問介護」を利用しています。そのほか、看護や介護を学んでいる学生がボランティアで介助にきていることもあります。ひとり暮らしではありますが常に人の気配があり、ほどよい「活気」があるのです。

壁には「手洗いはまめにしてください」など、介助のときに注意したいことの貼り紙がしてあり、出入りしているスタッフが富枝さんを支える「大家族」のようでもありました。

「富枝さんは飾ることなく自分をさらけ出しているから、支援する自分も飾らずに彼女に接することができる。ここにきて、手伝うことは富枝さんのためというより自分と向き合うためでもあるかな」

富枝さんの家に出入りしているボランティアのひとりはそう話していました。

富枝さんはALSになる前に家事代行の会社を営んでいましたが、告知をされて以降は休業状態でした。しかし、富枝さんは別事業で新たな船出をしたいと考えていました。ALSの当事者として自分と同じような思いをしている患者に介助者を派遣する事業をはじめたいと思ったのです。

その想いをかつて富枝さんの会社で働いていたスタッフに文字盤で伝えたところ、スタッフが首を縦に振り賛同してくれました。娘の知可さんには、統括的な立場として自分ができないことをサポートしてほしいと頼みました。

富枝さんがスタッフとのコミュニケーション手段として用いているのは、50音が書かれた透明な文字盤です。スタッフは富枝さんの目や眉《まゆ》の動きを判断し、文字を読み取ります。

最近では視線入力装置やスイッチを使って文字を読み上げるデジタルの透明文字盤があるという情報を知り、これからいろいろなコミュニケーション手段にチャレンジしたいと考えています。

ＡＬＳになったことであきらめなければならないことはたくさんありましたが、富枝さんはＡＬＳにならなければわからなかったことを知ることができました。体の自由はきかなくても、頭のなかは縦横無尽《じゅうおうむじん》に駆け巡っています。

娘の知可さんは、母親のサポートをしてくれる、「血のつながりはなくとも想いがつながっているファミリー」と、自分の意志を貫いてひとり暮らしを続けている不屈の母親をこれからもサポートしていくつもりでいます。

【柴田富枝さんのプロセス】

■40代で家事代行の会社を起業
■59歳でＡＬＳを発症
■ひとり暮らしを貫き、サービスを活用する
■胃ろう、人工呼吸器の決断をする
■訪問介護事業所の設立を決意する

【富枝さんの事例から知るポイント】

- 長期の通院で症状が改善しない場合は、他の診断も受けてみる
- 過去に囚《とら》われず、これからのことに目を向ける
- 世間体を気にせず、自分の意志を貫く
- インフォーマルのサービスも活用する
- 利用できる制度の情報を集める
- 胃ろう、人工呼吸器を装着する決断をする
- 家族だけに頼ろうとしない
- 人とのつながりを大切にする
- 飾らずに自分をさらけ出す
- 病気になっても、意欲とチャレンジ精神を失わない

人一倍繊細な自分が快適に暮らせる空間を「スマートホーム」で実現

日常のさまざまな「苦手」をカバーする工夫とは

●離れて暮らす一人息子への相続を考える

駒田須美さんは、最近、「ソロ終活」なる言葉があるのを知りました。身寄りがなく、自身の死後を託す人がいないおひとりさまが取り組む終活のことだとか。

息子が1歳のときに夫を事故で亡くしてから、シングルマザーとして一人息子を育ててきた須美さんは、「自分の死後を託す人がいない」という点では当てはまりませんが、「おひとりさまが取り組む終活」はまさに自分のことだと思いました。

息子は18歳のときに家を出て、実家に顔を見せにくることもなく、連絡をよこすこともなく、須美さんは住所と電話番号を把握している程度でした。

成功例9　駒田須美さんのプロフィール

- ■61歳
- ■ADHDグレーゾーン
- ■HSP気質
- ■賃貸マンションで暮らす
- ■シングルマザーで子供は独立

これまで働きながら女手ひとつで懸命に息子を育ててきたのに、成長したらとっとと他所へいってしまうなんて薄情《はくじょう》だなと思いましたが、「子供というのはそんなものですよ」とラジオの人生相談でいっていたのを聞いてから、執着するのはやめました。

その後、息子と生活していた分譲マンションを売り、ひとりで賃貸マンションに引っ越したのです。そのため所有している不動産はなく、息子に相続をするとしたら預貯金だけです。

先日信託銀行で相談したところ、「遺言代用信託《いごんだいようしんたく》」について紹介されました。

ワンポイント知識

遺言代用信託は、自分が自分の財産を信託して、生存中は自分を受益者《じゅえきしゃ》とし、亡くなった場合には配偶者や子供などを受益者と定めることによって、自分が亡き後、財産の分配を実現するものです

自分が亡くなった後、家族が口座からお金を引き出そうとしてもすぐに引き出せない場合があります。遺言代用信託を利用すれば、自分の生存中は自分のために財産を管理・

運用し、自分が亡くなった後は配偶者や子供を受益者と定めることで財産を引き継げます。

残された家族が未成年の場合など、自分で財産を管理することが難しい場合はあらかじめ毎月の受取額などを決めておくと、信託銀行などが指定された口座に指定された金額を毎月振り込みます。

ただし、委託者が亡くなり指定された人物が受益権を受け継ぐと相続税がかかり、遺言代用信託より遺留分《いりゅうぶん》（亡くなった人の配偶者や子供、両親などに認められる遺産を最低限度受け取れる法的権利）が優先され、遺留分を侵害するような設定はできないので注意しましょう。

●コレクティブハウスと自分の「気質」

息子への相続を考える一方、今まで頑張ってきたのだから、これからはもっと自分のために楽しんでもよいのではないかと思うようになりました。

今住んでいるマンションを出て、「コレクティブハウスで生活してみるのはどうかな」という考えも頭をよぎりました。「コレクティブハウス」は独立した各専用個室に加え、住宅内に居住者共用のキッチン、食堂、居間、テラスなどがあるスウェーデン発祥の賃貸住宅です。

住民による自主運営でバスやトイレは各部屋に完備、生活も各部屋で完結できますが、居住者全員が顔見知りのためセキュリティが非常に高く、問題が起きた場合は住民同士で解決します。入居者は30～40代の一家を中心に、高齢者や独身女性もいて幅広いようです。

コレクティブハウスでは、入居者同士で集まり食事をつくって食べる機会もあるようです。しかし、須美さんは自分が人と関わることを求めている半面、人と関わることでストレスを感じやすいタイプだということをよくわかっていました。以前同僚から「須美さんはＨＳＰ気質かもしれないね」といわれたことがありました。

特性を自覚して居心地のよい住まいをつくる

ＨＳＰは、生まれつき「非常に感受性が強く敏感な気質をもった人」という意味で、「Highly Sensitive Person（ハイリー・センシティブ・パーソン）」と呼ばれ、その頭文字をとって「ＨＳＰ（エイチ・エス・ピー）」と呼ばれています。

心理学の研究で使われている言葉で、1990年代後半に、アメリカの心理学者エレイン・アーロン博士が提唱したそうです。

HSPは、環境や性格などの後天的なものではなく先天的な気質で、人口のおよそ5人に1人があてはまる「性質」のようです。

相手のことを気にするあまりに、些細なことでも「自分が悪いのではないか」と自分を責め悪い方向に考えてしまうのです。

さらに外部からの刺激に敏感ということがあります。人混み、物音、光、食べ物の味やにおい、身につけるもの、気候の変化など、五感で受ける刺激に対して過度に反応する傾向があります。

須美さんはこうした自分の特性を理解して、「自分にとっての居心地のよい住まい」をつくることに気を配り、お金をかけてきたのです。

例えば部屋の照明です。須美さんは自分の住まいの照明をLEDライトにしています。LEDライトにはオレンジがかった暖かい「電球色」もあれば、青みがかった「昼光色《ちゅうこうしょく》」もあります。このような色の違いは、「色温度（単位＝K（ケルビン））」という数値で表され、このケルビンの数値が高いと青白い光（＝昼光色）に近くなり、低くなると光はオレンジ（＝電球色）になるのです。

須美さんの場合は青白い光が眩《まぶ》しすぎて苦手なのですが、息子は青白い光のほうを好んでいました。おそらくこの家に帰ってくることはないと思いながらも、色や明るさの切り替えができる照明器具を買いました。

気を遣ってきたのは「光」だけではなく、「音」もそうでした。引き戸を閉める際に生じるドンという音が気になるため、消音テープを貼るなどして工夫してきました。

車のドアを閉める音、子供の声など、外から聞こえる音が気になるときは部屋のなかでヘッドホンや耳栓をしたり、ＢＧＭを流して外の音を消すこともあります。そのためリビングには、照明器具にスピーカーが搭載されたスピーカー付きシーリングライトを使っていました。

加えて、日用品も自分に合ったものを選ぶようにしてきました。シーツや布団・枕カバーなどの寝具、パジャマはスーピマコットンを使ったものを使っています。スーピマコットンは触り心地がカシミヤに匹敵《ひってき》するなめらかさがあります。

タオルは触り心地がよいものをとコットン１００％で色はホワイトで統一しています。

化粧品は香りがあるとその香りが気になってしまうため、無香料の製品をずっと使っています。植物の香りは自分にとって心地がよく、ベランダで何種類かのハーブを育てています。部屋の窓から緑が見えると心が落ち着くのです。

感じてきた周囲との違和感

社会に出て働くようになってから、須美さんは周囲との違和感を抱き続けてきました。出社時間にたびたび遅刻してしまったり、部屋の片づけが苦手でいつもものがちらかっていたりと、社会で生きていくうえでの基本的なことが自分には難しいということを感じるようになりました。

インターネットや本でいろいろ調べるうちに、自分は「注意欠如《けつじょ》・多動《たどう》症（ADHD）」なのではないかと思うようになりました。

ワンポイント知識

「注意欠如・多動症」はADHD（Attention Deficit / Hyperactivity Disorder）と呼ばれ、おもな症状には、以下の「不注意」「多動性」「衝動性」などがあります。

ADHDとHSPの特徴

	ADHD	HSP
分類	発達障害	気質や性質
割合	成人の2.5% (小児では3〜7%)	日本人の15〜20%
特徴	(注意力・集中力の欠如) ・活動に集中できない ・順序だてておこなうことが苦手 ・約束や期日を守れない ・ものをなくしやすい (衝動性) ・衝動買いをしてしまう ・失言が多い ・待つことができない	・相手の気分が気になってしかたがない ・明るい光や、車などの交通音が気になる ・人の感情を読みとり、共感しやすい ・美術や音楽に深く感動する

●「不注意」……集中力が続かない、気が散りやすい、忘れっぽい、など

●「多動性」……じっとしていることが苦手で、落ち着きがない、など

●「衝動性」……思いついた行動を、おこなってもよいか考える前に実行してしまう、など

こうした行動は、多かれ少なかれ誰にでも見られますが、症状によって幼少時に日常活動(学習・家庭生活・友人関係など)に問題があり、それが持続している場合には、大人のADHDと診断されます。成人の3〜4%が該当《がいとう》するともいわれ、不注意優勢型、多動・衝動性優勢型、混合型があるといわれています。

症状が軽い場合、または周囲の環境によっては見過ごされることもありますが、就職や結婚などによって行動の範囲や人間関係が複雑になり、それに対処しきれなくなったときに問題が表面化し、症状に気づくことがあります。

ＡＤＨＤの特性から社会生活がうまくいかず、それが本人の自己否定感を強める原因にもなります。症状が強い場合には、薬が処方されます。

自分の特性を理解し十分なスキルを獲得することで「個性」を「強み」に変えて、社会で活躍している人もいます。

須美さんは40代になってメンタルクリニックを受診。問診を受けた結果、「ＡＤＨＤのグレーゾーンでしょう」といわれました。グレーゾーンとは診断基準には満たないものの、ＡＤＨＤの傾向が認められる状態のことです。

ＨＳＰは病気や障害ではなく気質ですが、ＡＤＨＤとＨＳＰの症状は似ており、須美さんのように、このふたつの特性をあわせもつ人もいるようです。

スマートホームの活用で「自分で自分を介護する」

ＡＤＨＤの傾向がある須美さんは、Amazon の Alexa（アレクサ）などで自宅を「スマートホーム化」することで日常生活に起きがちなトラブルを回避する工夫をしています。

スマートホームとは、ＩＯＴ（モノのインターネット＝Internet of Things）やＡＩ（人工知能）などの技術を使って、家のなかの家電や設備をネットワークで連携し、便利で快適な暮らしを実現する住まいのことです。

スケジュールを忘れてしまうことがあるため、Google カレンダーとAlexaを連動させ、毎日「アレクサ、明日の予定を教えて」とたずねて予定を確認します。

外出の予定がある日は、「アレクサ、〇時になったら知らせて」と、家を出る時間を設定しています。

電気やテレビの消し忘れは、例えば「アレクサ、30分後に電気を消して」と、指定された時刻に自動的に家電をオフするようにしています。

ネットワークカメラやスマートロック（スマホの操作で施錠《せじょう》・開錠ができるシステム）も役に立っています。ネットワークカメラはインターネットに接続できるカメラで、映像がダイレクトにスマートフォンのアプリ上で確認できます。

外出先で鍵の閉め忘れが気になったら、まずネットワークカメラの映像で自分がカギを閉めたかどうかを確認して、閉めた映像が映っていなかったら外出先からスマートロックで施錠することもあります。

●日常のミス対策がいつしか楽しみに

須美さんが最も苦手とする掃除は、ロボット掃除機を活用。床を動き回るゴミの吸引掃除専用のタイプに加え、床拭きロボットも使っています。床の汚れ具合に応じて、から拭きや水拭きだけでなく、専用洗剤を使うこともあります。

それでも床の汚れが気になったときは、コードレスタイプの「充電式クリーナー」（電気掃除機）を使って吸い取ったり、モップクロスに少量の水を足して拭き取るマイクロファイバーモップで拭いています。掃除の際に腰が痛くなることがありますが、マイクロファイバーモップはハンドルを伸ばして使えるため、中腰にならず、床や壁、窓や天井の掃除ができるのが便利です。

収納はスチールケースを活用し、引き出しのなかがごちゃごちゃしないようラベルを貼ったものだけを収納するようにしてきました。

洗濯は息子と一緒に生活していた頃はこまめにおこなっていましたが、ひとり暮らしだとつい面倒になって、ためてしまうようになりました。気がつくと洗濯カゴから洗濯物があふれていることもあり、ガス衣類乾燥機を使うことにしました。ガスの乾燥機は電気式の3分の1の時間で乾燥できるメリットがあります。

以前は、洗濯物を干したらポチポチ雨が降ってきて、また洗い直すということがありましたが、乾燥機を使いはじめてから天気を気にすることなく、洗濯物を干す時間や手間もなくなりました。

一方、料理は同時進行で複数の作業をするのが苦手な傾向があるため、料理は毎回「クックパッド」や「クラシル」、「デリッシュキッチン」などのレシピサイトを見ながらつくるようになり、味付けの失敗もなくなりました。

煮すぎたり、茹《ゆ》ですぎたりという失敗は、タイマー付きのガスコンロを使うことで防いでいます。

他によくする失敗は、パスタやうどん、そばを茹でている際の吹きこぼれ。別の作業にとりかかり、ふと気がつくと吹きこぼれているということがたびたびありました。これは吹きこぼれを防止するシリコン製の蓋《ふた》を使うことで、「しまった！」というミスがなくなりました。

このような毎日の困りごとへの対応は、機器やグッズで解消できることも意外とあると気付き、便利な家電製品や日用品の情報を積極的に取り入れています。

最近は、指輪型デバイスの「スマートリング」で睡眠の状態を把握し、睡眠不足にならないよう注意するようになりました。

困りごとが起きたら書き留めておいたり、スマートフォンでその場で検索してあれこれと対応を考えています。

●「その都度」人の手を借りる

施設などに入所し共同生活をすることは、「ひとまとめ」に自分のお世話をしてもらえるため、日常の困りごとにひとりで立ち向かわなくていいという安心感はあります。

でも、「しまった！」というミスに戸惑い、怒ったり悲しんだりしながらも「ああでもない、こうでもない」と知恵を絞ってトライしてみることができるのは、ひとり暮らしの醍《だい》醐《ご》味《み》だと思えるようになりました。

今は自分のことは自分で対応することはできますが、この先、重い植木鉢を動かすこと

スマホ（ネット）を駆使して他人の力を借りる

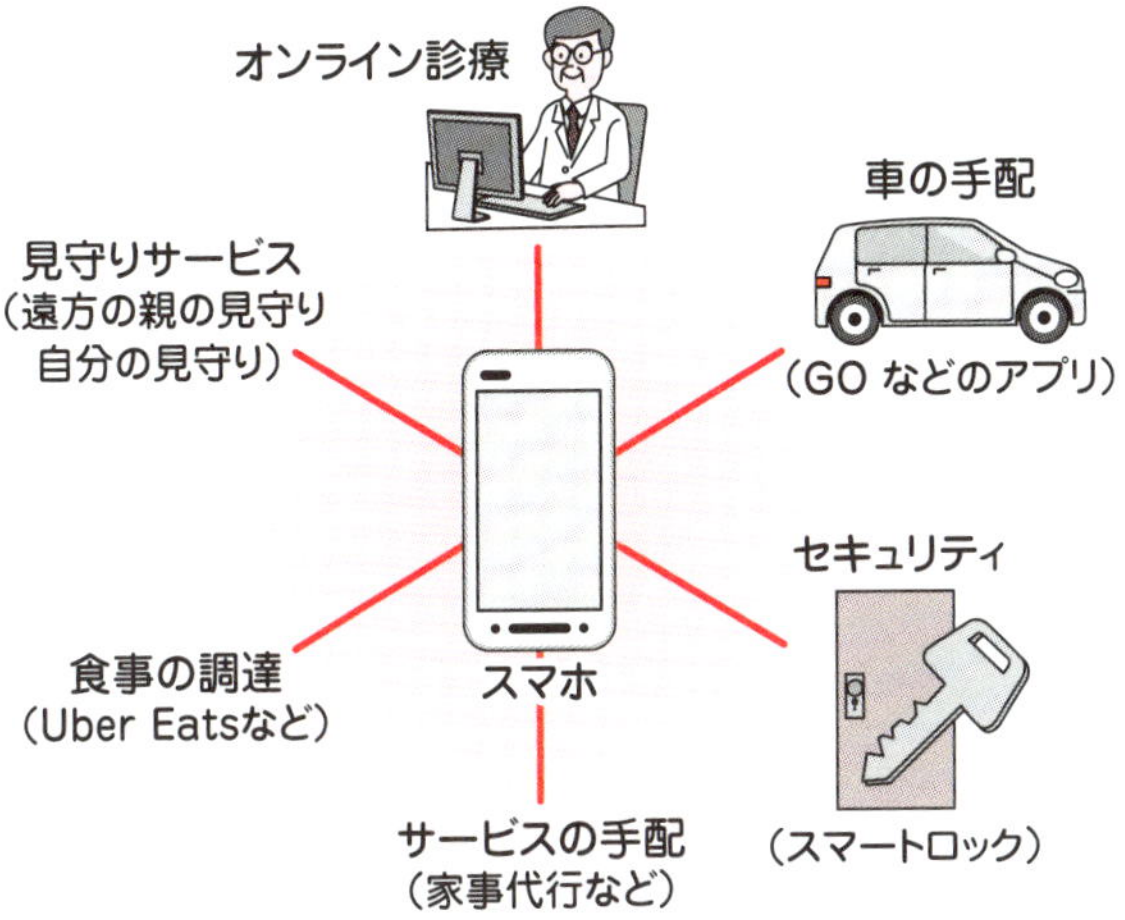

ができなかったり、大掃除をするのが億劫《おっくう》なときは、介護保険外のサービスに対応する事業所もあります。

遠方の旅行に不安があるときは介護と旅両方の技術や知識をもつトラベルヘルパーに同行をお願いすることもできます。

事務作業は「オンライン秘書」、移動手段はアプリで手配できる時代にもなりました。

自分ひとりでどうすることもできない問題が生じたら、その都度、人の手を借りていくスタイルが自分には合っていると須美さんは感じています。

そして、心穏やかに過ごせる時間を共有できる人間関係を大切にしていきたいと思っています。

自分のことでさえわからないことはありますが、少なくとも自分のいちばんの理解者は自分です。こうして日常生活の小さなことに知恵を絞って暮らしている今を、須美さんは幸せに感じています。

【駒田須美さんのプロセス】

- 40代でＡＤＨＤのグレーゾーンの診断を受ける
- シングルマザーとして育てた子供が独立
- 分譲マンションを売却し、賃貸マンションへ引っ越す
- ＨＳＰの気質からコレクティブハウスへの入居をあきらめる
- 自分の「特性」をふまえ、ひとり暮らしを楽しむ

【須美さんの事例から知るポイント】

- 自分の「特性」に気づき受診する
- 子供の独立を許容し、同居に執着しない
- 環境の変化に応じて住まいを変える
- ＨＳＰの気質に気づく
- 自分が居心地のよい環境をつくる
- 自分に合ったものを選んで使う
- 自分の失敗に目を向ける
- スマートホーム化と家電でリスク管理
- 困ったらその都度、人の力を借りる
- 穏やかに過ごせる人と時間を共有する

元看護師の百寿者が実践する自分のことは自分で考え、決める暮らし方

不慮の事故に備え、イザとなれば頼るべきは頼る…

●深夜に転倒事故を起こしても自分で対応

今年102歳になった角田輝枝さんは8年前に脳梗塞《のうこうそく》を発症し、その後遺症で左不全麻痺《まひ》が生じました。左側の手足の動きは鈍くなり生活に不自由はありますが、地域の転倒予防の教室にも通うなど外出の機会もつくっています。

輝枝さんの地域では、転倒予防の他に、筋力向上トレーニング、認知症予防、尿失禁予防、低栄養予防など、介護が必要な状態になるのを防ぐための教室が定期的に開かれています。

長年看護師として働いてきた輝枝さんは適度な運動を続けることを心がけてきました。

成功例10 角田輝枝さんのプロフィール

- ■102歳
- ■大腿骨頸部《だいたいこつけいぶ》骨折で入院
- ■要介護認定の区分変更申請の予定
- ■賃貸マンションで暮らす
- ■元看護師

ところがその日、思いがけぬ事態に。なんと、深夜にトイレにいこうとしたら尻もちをついてしまったのです。

このようなことが起きることを予測して、輝枝さんは自治体の緊急通報サービスに申し込んでいました。毎晩枕の横にペンダント型の緊急ボタンを置いて就寝《しゅうしん》していたのです。

ワンポイント知識

緊急通報サービス事業は火災、急病、事故などの緊急時にボタンを押すだけで通報できるシステムです。24時間365日、緊急通報機器、ペンダント型緊急ボタン、安否確認センサーなどからの通報をもとに、すみやかに対象者の救助をおこないます。

65歳以上の高齢者のうち、ひとり暮らしで緊急事態に機敏に行動することが困難な人などを対象に各自治体が独自におこなっているサービスのひとつです。

他にも65歳以上のひとり暮らしや要介護4、5程度の人、認知症の人などを対象に独自のサービスを実施している自治体があります。自分が住む地域でどんなサービスがおこなわれているかは市区町村のホームページで確認できます。

緊急通報サービスのしくみ

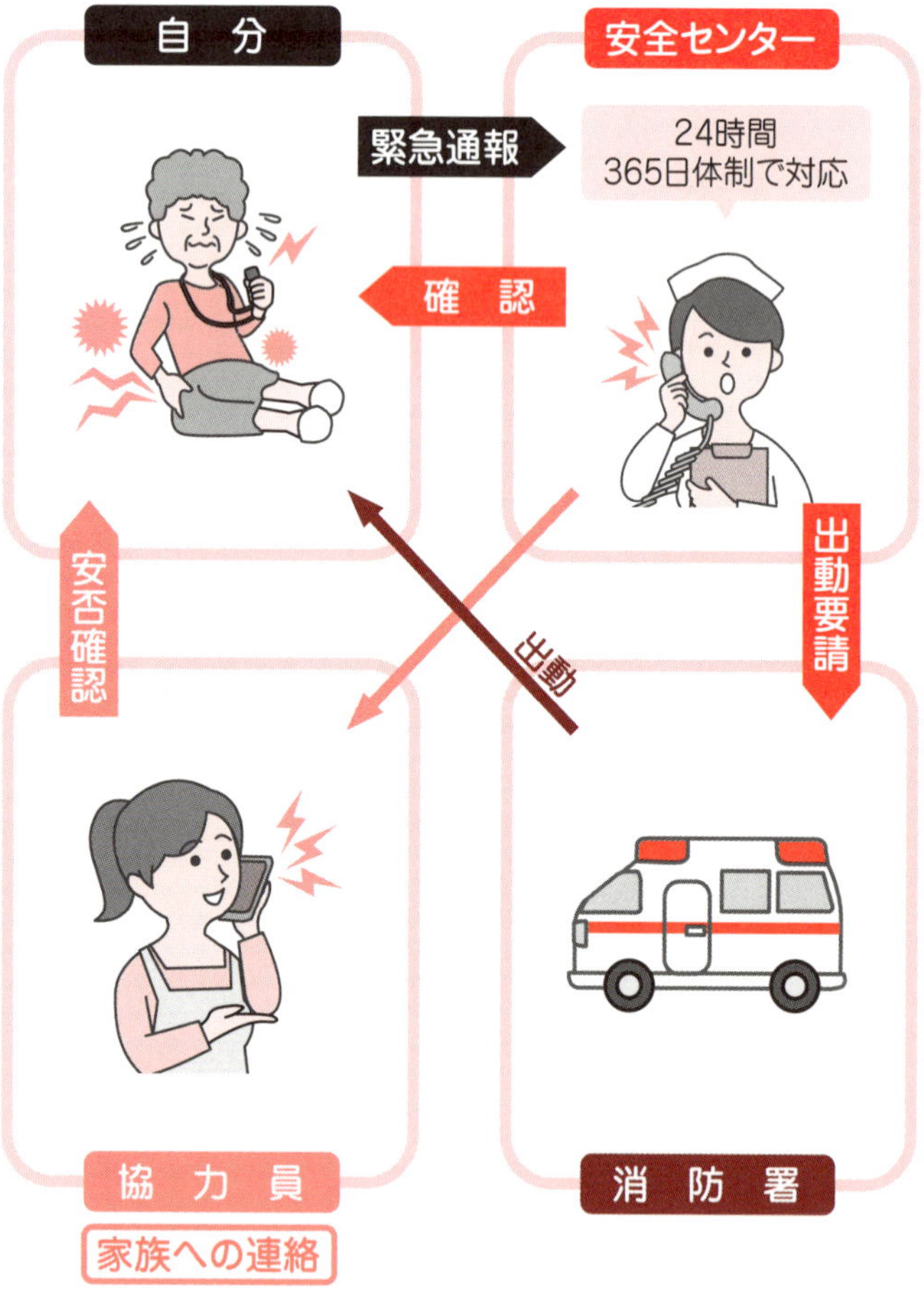

ひとりだと横から口出しをする人がいない

救急搬送された先の病院では「大腿骨頸部骨折」と診断されました。

大腿骨頸部骨折は太ももの骨（大腿骨）の脚の付け根に近い部分の骨折です。特徴としては、高齢者の女性に多く、骨粗鬆症《こつそしょうしょう》などで骨がもろい状態で起こりやすいこと、さらに原因の9割以上が転倒であることが挙げられます。日本では年間約10数万人が受傷しているといわれます。

担当医からは、大腿骨頸部骨折で手術をするケースが多いが、手術をしない「保存的治療」を選択する方法もあると説明されました。「保存的治療」は「保存療法」「保存的加療」とも呼ばれます。

「高齢」「持病がある」「全身状態が芳《かんば》しくない」といった場合は、手術や麻酔をおこなうことで体に負担をかけてしまい、命の危険性が高くなる場合があるのです。その場合には手術などはおこなわず「現状維持」を優先させるわけです。

保存的治療の場合、手術をせずに骨癒合《こつゆごう》（骨がくっつくこと）を待つことになりますが、数か月かかり、そのあいだはベッド上で安静に過ごすことになります。

ところが高齢者が長く寝たままの状態でいると、「生活不活発病」になるリスクが高まり

高齢者に多い大腿骨頸部骨折

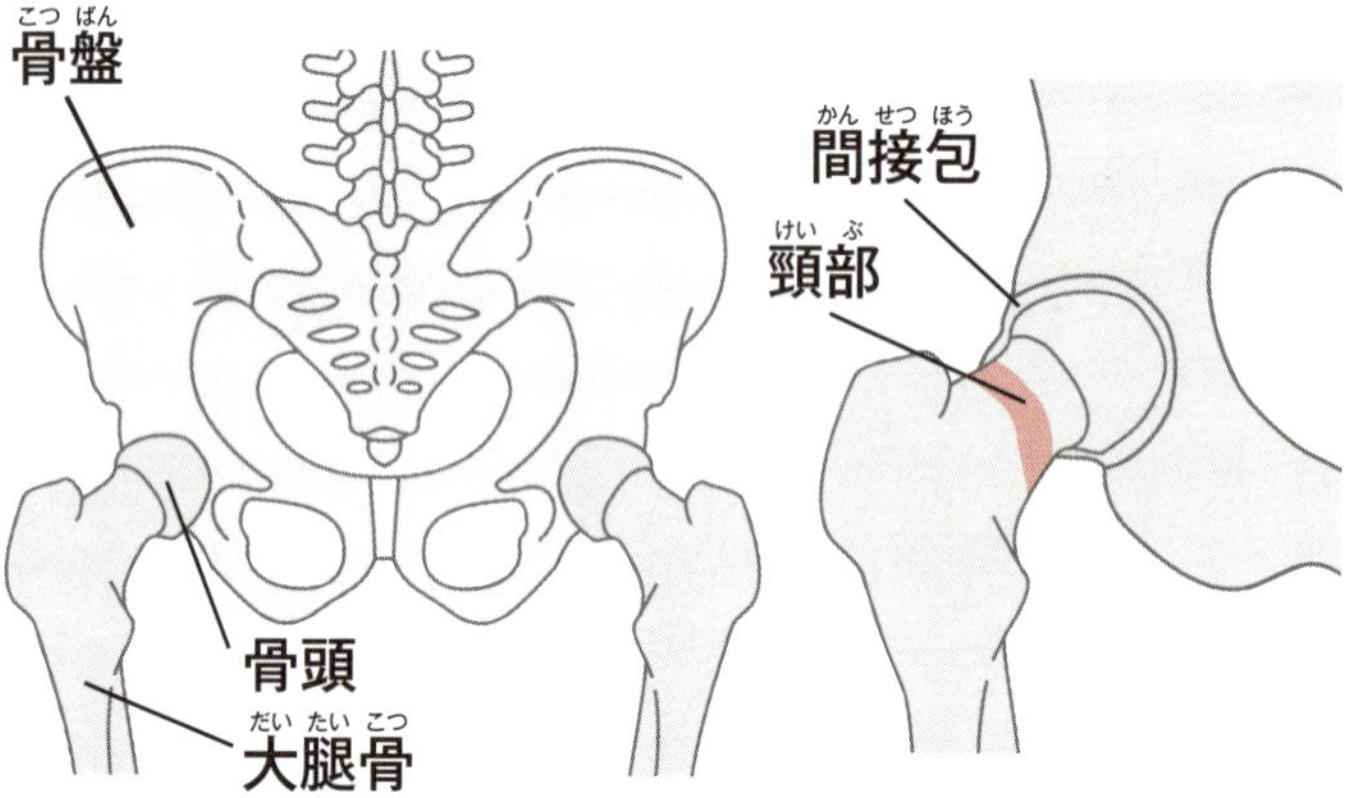

ます。

生活不活発病とは文字どおり生活が不活発になることで心身の機能が低下することです。廃用症候群《はいようしょうこうぐん》ともいわれますが、「廃」という言葉がネガティブなイメージであることなどから、公的な文書においても「生活不活発病」が使われるようになってきました。

生活不活発病のひとつが褥瘡《じょくそう》で、人の皮膚とベッドのマットや布団、車いすなどが接触し、長い時間続けて圧迫されることで、皮膚や皮下組織、筋肉などが壊死《えし》した状態のことです。皮膚や皮下組織、筋肉への血流が悪くなり、酸素や栄養がいきわたらなくなるために起こり、一般に「床《とこ》ずれ」とも呼ばれます。

こうしたことから、最近は手術後、早い段階でリハビリを開始することが一般的となっているようです。

一方、100歳を超えている人の場合は、「慎重にしたい」という家族の意向で保存的治療が選ばれるケースも多いようです。

骨折の場合に限らず、高齢で医療が必要な状態になると、積極的な治療をおこなうか否か、改善か維持かを天秤《てんびん》にかけて判断を求められることが起こります。

その判断をしなくてはならなくなったとき、そばにいる家族がいると相談ができたり、判断を委《ゆだ》ねられる楽さはある一方、横から口出しされるという鬱陶《うっとう》しさを感じる高齢者もいるでしょう。家族がそばにいないことは、自分で自分のことを決められるというメリットもあるのです。

輝枝さんは、自分の年齢と左不全麻痺があることをふまえて、保存的治療を選びました。

看護師を通して医療ソーシャルワーカーに相談

輝枝さんは8年前に脳梗塞を発症した後、介護保険の申請をおこない「要介護1」の認定を受けました。それ以来、「訪問診療」で医師が定期的に自宅を訪れていました。

輝枝さんは骨折で入院中に今後の生活について考えました。

病院にはMSW（医療ソーシャルワーカー）がいて、患者や家族の相談に応じてもらうこともできます。

輝枝さんはMSWと話したいと看護師に希望を伝えたところ、病室まできてもらえることになりました。

「退院後はおそらく車いすや介護予防用ベッドが必要になると思うのだけれど、介護保険でレンタルできるのかしら」

「要介護1では車いすや介護用ベッドなどのレンタルが原則認められていませんね。ただ、状態が変わって要介護度が実態と合っていないと感じた場合には『要介護認定の区分変更』が申請できますから、ケアマネジャーに相談してみてください」

輝枝さんが入院した病院では、MSWが「地域医療連携室」で働いていました。地域医療連携室では介護が必要な患者が入退院をする際、地域の他の医療機関と連携し調整をおこないます。

要介護度が上がれば車いすや介護予防ベッドもレンタルできるようになるでしょう。

輝枝さんはこれから家に戻るにあたり「さしあたって解決しなければならないこと」を

ノートに書きとめました。

- ケアマネに要介護認定の区分変更の申請をお願いする
- 褥瘡の予防のために夜間も体位交換（身体の向きを変える）をしてほしい
- トイレは難しくなるため紙おむつが必要になるかも
- 自宅でリハビリができるようにする
- 拘縮《こうしゅく》予防のマッサージが受けられれば受けたい（138ページ参照）
- 調理や掃除はヘルパーに頼む
- 訪問看護の利用回数を増やしたほうがよさそう
- 車いすが通りやすいよう、いらないものを処分する

先輩後輩の関係が一生の仲に

輝枝さんの父親は70代後半、母親は80代半ばで亡くなりました。母親が亡くなった後、兄とは遺産のことでもめて不仲になり、その後は連絡をとることもありませんでした。その兄も70代で亡くなりました。

輝枝さんは長年猫を飼ってきたこともあり、これまでひとりでの暮らしにさほど寂しさを感じることはありませんでした。

再雇用で70歳まで看護師として働き、その後は自分のルーティンで生活してきました。朝は新聞にひととおり目を通し、その日の運勢を見るのが楽しみでした。

クラシック音楽を聴きながらブランデーを入れた紅茶を飲んで、ゆっくりくつろぐ時間も好きでした。

独身を貫いてきた輝枝さんは心を許せる人がひとりだけいました。堀口栄子さんです。輝枝さんが病院で看護師長をしていた頃、新人看護師として入職してきた栄子さんとは30歳ほどの年齢差はありますが、今でもつきあいは続いていました。

輝枝さんはかわいい後輩の存在を我が娘のように大切に想ってきたのです。栄子さんもそんな先輩の存在をありがたく感じ、これまでの恩を返す気持ちで輝枝さんのひとり暮らしをサポートしてきました。

今回の入院でも必要な着替えなどを買い揃えるなど、足しげく病院に通ってくれていました。

「年齢も年齢だし、退院後は転院するか、施設に入るかという選択を選ぶのが無難なんでしょうけれど、できれば自宅で最期まで暮らしたいと思っているの。病院に長く勤めていた私がいうのもなんなんだけれど」

「わかります、病院の内情を知っているからよけいにそう思うのよね」

輝枝さんは看護師として多くの患者を見てきました。

「看護師さんが忙しそうだから」とナースコールを押すことさえ遠慮する人、「本当は自宅に帰りたいけれど家族が心配するから」と自分の本心より家族の意向を優先する人、「入浴も食事も制限されるので早く家に帰りたい」と訴える人もいました。

輝枝さんはそうした声を聞き、できれば自分の終末期（「治療をしても、病気の回復が期待できない」と判断され、病気や障害の進行により、余命わずかになった状態）は、必要以上に誰かに遠慮することなく自宅で過ごしたいと願ってきたのです。

輝枝さんの家に訪問診療で訪れる医師や訪問看護師といった医療職は、輝枝さんの病歴や性格も理解していました。さらに介護保険のサービスの「居宅療養管理指導」で定期的に薬剤師も訪れ、薬を届けたり、残薬（薬の飲み残し）の確認をおこなっていました。

このような医療のスタッフだけでなく、ケアマネジャー、ヘルパーら介護職との信頼関係もできていました。

自宅で最期まで過ごす体制

「いいたいことがいえる」という関係性は、一朝《いっちょう》一夕《いっせき》では築けるものではなく、8年の間、やりとりを重ねてきたからこそです。

輝枝さんは「人生会議」という言葉を知っていました。正式にはACP（アドバンス・ケア・プランニング）といい、もしものときにどんな医療やケアを望むのかを事前に考えて、信頼する人や医療や介護のスタッフと繰り返し話し合い共有することだといいます。

しかし、輝枝さんの場合はあらたまって「人生会議」をしなくても、医療や介護のスタッフに日頃から自分の希望は伝えており、周囲もそれを理解していました。

輝枝さんはこの先、がんなどを患っても自分の看取り（人が自然に亡くなっていくまでを見守ること）を、これまで関係性を築いてきたメンバーに全面的にお願いするつもりでいます（168ページ図表参照）。

一方、自分の死後の行政手続きや物の処分、お墓への納骨のことなどは、これから堀口さんと「死後事務委任契約」を取り交わし、彼女にお願いする予定です。

「やれやれ、生きている限り、いろいろと考えることがあるわよね」

輝枝さんは堀口さんにそういい、ため息をつきました。

退院に向けて

入院中、ケアマネジャーの村田さんがやってきました。

「調子はどうですかー　たいへんでしたねー」

病室に入ってきた村田さんは相変わらずほんわかした口調でたずねます。

「たいへんだったのよ、家に帰ったらもっとたいへんになりそうだけど」

「ひとつひとつ解決していきましょう」

輝枝さんは、先日書いておいた「さしあたって解決しなければならないこと」のメモを村田さんに渡しました。

「どれどれ、えーっと、夜間の体位交換については、これから夜間対応型訪問介護の利用を検討しましょうかね。あと紙おむつについては、介護保険というより自治体で上限額を設けて支給するサービスをおこなっていたはずなので、それを活用するとよいと思いますよ。

リハビリについては、来週、これまでお願いしてきた訪問看護師さんが病院にきて、病院の看護師さんとお話ししてくださるそうなので、そのときに方向性が決まると思います。マッサージについて訪問看護師さんと相談して決めていきましょう。調理や掃除については今利用している訪問介護事業所に伝えますね。それから、それからー」

村田さんは輝枝さんの「宿題」に少し混乱している感じでしたが、のんびりとした口調でも、ひとつひとつ対応を提示してくれました。

次の週には訪問看護師の佐藤さんが「退院前カンファレンス」のために病室に顔を見せにきました。

「今回たいへんでしたねー、緊急通報があってよかったですねー」

これから、病院の看護師さんやケアマネジャーと輝枝さんが自宅に戻ってからのことを話し合うのだといいます。

100歳を超えた輝枝さんにとっては、ひ孫のような世代のスタッフが、自分のためにいろいろと考えてくれているようで、うれしくなりました。

「ありがとね」

輝枝さんは訪問看護師に笑顔でそう伝えました。


【角田輝枝さんのプロセス】

- 看護師を続けてきた
- 夜間尻もちをついて救急搬送される
- 大腿骨頸部骨折で保存的治療を選択
- 看護師の後輩の栄子さんに本音を打ち明ける
- 在宅に向けての調整、準備をはじめる

【輝枝さんの事例から知るポイント】

- 自分なりの楽しみをもつ
- 自分で自分の健康管理に努める
- 転倒時に緊急通報サービスを活用する
- 自ら保存的治療を選択する
- MSW、地域連携室を利用する
- 信頼できる後輩との交流を続ける
- 日頃から自分の希望を周囲に伝える
- 自分の看取りについて考えておく
- 在宅に向けての課題を整理してメモする
- メモの内容をケアマネジャーに伝える
- 体が不自由になっても自宅に戻ることを希望する
- 笑顔を忘れない

近隣住民による「火災予防チーム」で独居の安全を守る

地域との関わりが、老後の生活を左右することも…

妻が亡くなってから閉じこもりがちに

民生委員の足立冬美さんが今気にかけているのは、近所に住む城田敏郎さんのことです。敏郎さんはこれまで「街の電気工事屋さん」として、長年、地域の住民に頼りにされてきました。

以前は足立さんの家でもアンテナ工事やコンセントの配線工事などを頼んでいました。高齢化率が高いエリアだけに、「電化製品が故障したらしい」といったささいな困りごとでも敏郎さんはすぐに駆けつけて対応してくれました。

ところが73歳のときにCOPD（慢性閉塞性肺疾患《まんせいへいそくせいはいしっかん》）の診断を受け、HOT（在宅酸素療法）が必要となり、その後は廃

成功例11　城田敏郎さんのプロフィール

- ■81歳
- ■COPDで在宅酸素療法を導入
- ■認知機能は低下している
- ■要介護2
- ■戸建て住宅で暮らす

業。妻の薫さんが5年前に亡くなってから、ひとり暮らしになりました。

妻の薫さんは公園の花壇の手入れをおこなうグループに参加するなど地域の活動にも関わっており、足立さんとは公民館などで会うとよく立ち話をしていました。

敏郎さんと薫さんのあいだに子供はいませんでしたが、夫婦仲がよく、ふたりで買い物に出かけていた様子を足立さんはよく目にしていました。ところが、薫さんが亡くなってから、敏郎さんを外で見かける機会がめっきり減ってしまったのです。

足立さんは、家に閉じこもりがちになっている敏郎さんの様子をうかがいに、時々、家を訪問していました。

ワンポイント知識

COPDは、長期間の喫煙などによって引き起こされる「肺の生活習慣病」で「たばこ病」とも呼ばれます。従来、肺気腫《はいきしゅ》や慢性気管支炎と呼ばれていたものも含まれます。日本では530万人以上の患者がいるといわれ、2020（令和2）年には約1万6000人の方がこの病気で亡くなっています（厚生労働省人口動態統計）。

これまで、男性の喫煙率が高かったため、死亡者数が多いのは男性ですが、発症リスクが高いのは女性という報告も発表されています。

40歳以上で、喫煙歴の長い人によく見られ、体を少し動かしただけでも息切れを起こしたり、ひんぱんに咳や痰《たん》の症状が現れたりします。

進行すると、呼吸機能が低下し、呼吸に必要なエネルギーが増大するため、全身が衰《すい》弱《じゃく》し、さまざまな合併症が起こりやすくなります。COPDの合併症は、肺炎、肺がん、心不全、動脈硬化、骨粗鬆症《こつそしょうしょう》などであり、多岐にわたります。動いたときの呼吸の苦しさから引きこもりがちになり、気持ちが落ち込み、結果として、うつ病になることもあります。

COPD自体は元に戻る病気ではありませんが、早期に治療を開始することで症状をコントロールし、呼吸機能の低下を遅らせることができます。

在宅酸素療法は、英語で『Home Oxygen Therapy』と表記されるため、それを略して『HOT（ホット）』と呼ばれることもあります。現在、全国で約18万人の方が自宅で酸素吸入をしているといわれています。

病状は安定しているものの、COPDなどの病気が原因で、血液中の酸素が不足して

COPD（慢性閉塞性肺疾患）セルフチェック

速く歩くとつらい

かぜをひいていないのに、ひんぱんに咳をする

長期間、たばこを吸っている（吸っていた）

朝起きて、すぐ痰がからむ

ゼイゼイ、ヒューヒューと呼吸音がして息が切れる

40歳以上である

いくつか思い当たる方はCOPDの可能性もあるため、医療機関へ受診を！

いる人が、自宅などの医療機関以外の場所で、不足している酸素を吸入する治療法がHOTです。**自宅に酸素供給機を設置し、必要時あるいは24時間にわたり、酸素吸入をします。**

HOTは息切れなどの自覚症状を改善し、生活の質（QOL）を高めます。

酸素吸入により心臓をはじめとする諸臓器を低酸素状態から守り、寿命を延ばす効果もあると実証されています。

足の踏み場もない部屋に募る不安

民生委員の足立さんは、敏郎さんについて気になっていることがいくつかありました。

まずひとつが、敏郎さんの認知機能についてでした。会話をしていると、少し前に話したことを何度も話したり、前回訪問したときのことをまったく覚えていないことがありました。

さらに、敏郎さんが住んでいる部屋には足の踏み場もないくらい物が散乱しており、キッチンにはカップ麺の容器や菓子パンの袋が山積みになっていました。

「栄養があるものをしっかり食べているのかな」「差し出がましいようだけれど経済的に困っているのではないかな」「これから認知機能の低下が進んだら、お金の管理もできなくなるのではないか」、そんな不安もよぎります。

そして最も気になっているのは、たばこを吸っている気配がすることでした。灰皿には吸い殻がたまっており、ダイニングテーブルにはたばこの空き箱が置いてありました。

酸素吸入中に喫煙した場合、酸素には炎を大きくする働きがあるため、万が一たばこの先が鼻のチューブに触れると一気に炎が拡大します。近年、とくに喫煙に関連した火災が多く発生しているようです。

民生委員をしている足立さんは日頃から地域包括支援センターの職員とやりとりをしており、なかでもフットワークが軽い河西さんに敏郎さんの情報を伝えました。

地域包括支援センターは高齢者の生活全般に関して困りごとに対応する総合相談窓口になっており、介護保険の申請の手続きなどもおこなうことができます。

足立さんの話を聞いた河西さんは、敏郎さんの様子を把握するため直接訪問してくれるとのことでした。

後日、河西さんから足立さんに連絡がありました。

敏郎さんに「経済的なことで困っていることはないか」とたずねたところ、「持ち家で家賃がかからないから、年金と貯金でなんとかやっている。ただこの先、もっと長生きしたら生活保護も考えなくちゃならん。そのときはよろしく」と、冗談とも本気ともとれる口調でいっていたとのことでした。

敏郎さんの認知機能の低下を不安に思っている足立さんは、敏郎さんがこの先自分自身でお金を管理していけるのか気がかりでした。

そのことを河西さんに伝えたところ、「現状では判断される能力をおもちなので社会福祉協議会に相談して『日常生活自立支援事業』を利用してもいいかもしれません」とアドバイスを受けました。

ワンポイント知識

「民生委員」は厚生労働大臣から委嘱《いしょく》された非常勤の地方公務員です。歴史は古く、1917（大正6）年の創設から100年の歴史があり、初期に渋沢栄一《しぶさわえいいち》氏も重要な役割を果たしました。

核家族化が進み、地域社会のつながりが薄くなっているなかで、困っている人が孤立し、必要な支援を受けられないケースがあります。そこで、各民生委員が担当するエリアで、住民の生活上のさまざまな相談に応じ、行政をはじめ適切な支援やサービスにつなぐためのパイプ役を担います。すべての民生委員は「児童委員」もかねており、高齢者や障害者世帯の他、子育てに関する相談や支援も担います。

国民すべてが民生委員・児童委員の相談・支援を受けられるよう、市町村ごとに定数が定められ、現在、約23万人の民生委員・児童委員が全国で活動しています。給与の支給はなく、任期は3年（再任は可）です。

筆者も民生委員を経験したことがありますが、まわりには10年以上というベテランの方が多くいました。現在、その高齢化と担い手の確保が課題となっているようです。

民生委員は地域の実情をよく知り、福祉活動やボランティア活動などに理解と熱意があるなどの要件を満たす人が選出の対象になります。ボランティアとして活動するため、報酬はありませんが、交通費・通信費・研修参加費などの活動費（定額）は支給されます。個人の私生活に立ち入ることもあるため、活動上知り得た情報について守秘義務が課せられています。

民生委員は担当する地区の生活保護受給者の情報を知ることもあります。

生活保護とは、生活に困っている人に対し、最低限度の生活を保障するとともに、生活の自立を助長することを目的とした制度です。生活や住宅、医療などの費用が支給され、介護に必要な費用も支給されます。この「介護扶助」では、金銭給付ではなく、原則として現物給付（介護サービスの提供）によっておこないます。

ひとり暮らしの人が入院したり、体の自由が利かなくなったり、また頼れる親族がいない場合は以下のような方法もあります。

①判断能力があるが、身体の障害などにより金銭管理が難しい場合

「財産管理委任契約」……判断能力が十分なうちに、信頼できる人に財産管理などを任せる契約

②判断能力が低下しているものの、契約能力はある場合

「日常生活自立支援事業」……日常的な金銭管理のサポートなどをおこなう。各市町村社会福祉協議会で相談を受け付ける

③すでに判断能力が低下している場合

「成年後見《せいねんこうけん》制度（法定後見）」……裁判所の判断で後見人が選ばれる

①②は一度契約しても意向に応じて解除（解約）でき、③については本人と相談しながら管理することが前提となります。

③については、各市町村や都道府県にある「権利擁護《ようご》支援センター」でも相談に応じています。成年後見制度を利用するには家庭裁判所に後見開始の審判を申し立てる申立人が必要となりますが、本人が認知症で申立人となり得ない場合や親族にも申立人がいない場合は、首長が申立人となる首長申立てをおこなうことで本人のキーパーソン（問題解決のカギを握る人）となる後見人を確保することもできます。

火事を起こさないために

地域包括支援センターでは敏郎さんの介護保険の手続きを進め、要介護認定では要介護2の認定を受けたとのこと。施設入所も検討して空《あ》きのある介護老人保健施設が見つかったものの、そこでは在宅酸素療法をしている患者の場合は受け入れができないといわれたようでした。

居宅介護支援事業所の介護支援専門員（ケアマネジャー）も決まり、ケアプランを作成するために敏郎さんの自宅を訪問するという情報が入り、足立さんも挨拶に出向くことにしました。

担当になったケアマネジャーの松尾剛志さんは、以前は病院で看護師をしていたという経歴の持ち主で、ＣＯＰＤに関する知識もありました。

松尾さんが敏郎さんに「今、困っていることはないですか」とたずねたところ、「月に1回タクシーで総合病院の呼吸器内科になんとか通院しているが、交通費もかかるし、帰ってくるとへとへとに疲れてしまう」とのこと。

松尾さんは「通院せず家で治療を受ける訪問診療に移行してはどうか」と敏郎さんに提案したところ、「病院に通わなくていいなら楽になる」と賛成してくれました。

さらに敏郎さんは、病院で認知症の検査を受けることにも同意してくれました。病院には松尾さんが付き添うことになりました。

敏郎さんの家を出た足立さんと松尾さんは、歩きながら今後のことについて話をしました。

「日常的な健康管理のために訪問看護のサービスを入れるといいかなと思っています。あと、敏郎さんは『たばこはほとんどやめている』と話されていましたけれど、やはり気になります。火災が起きてから後悔しても後の祭りですからね」

「たびたび注意しても忘れてしまうのか、効果がないみたいで」

「安全確認のために巡回型のサービスも利用できるとよいかなと思っています。僕も利用者さんの訪問の合間に敏郎さんのお宅に立ち寄るようにしますよ」

松尾さんの提案を足立さんは心強く思いました。

「このあたりには、以前電気工事で敏郎さんのお世話になった方が何人かいます。私も含めて亡くなった奥様と交流があった人たちもいますから、手分けをして見守りをおこなえるよう声をかけてみますね」

「ご近所の方々の協力が得られればとても助かります。ぜひお願いします」

自宅に戻った足立さんは、敏郎さんの住まいを思い出しながら、念のため居室に火災警報器を設置したほうがよいのではないかと思いました。

ワンポイント知識

消防法の改正により、2006（平成18）年、新築住宅を対象に住宅用火災警報器の設置が義務化されました。古くなると電子部品の寿命や電池切れなどで火災を感知しなくなることがあるため、10年を目安に本体の交換が推奨されています。警報器の表面にあるボタンを押すか、紐《ひも》を引くことで正常に作動するかを確認できるので、時期を決めて定期的に点検しておくとよいでしょう。

地域のサポートが得られたワケ

病院で検査をしたところ、敏郎さんは前頭側頭型認知症《ぜんとうそくとうがた》（神経変性が起き脳が萎縮《いしゅく》する）の初期段階であるとの診断でした。

訪問診療がはじまり、たばこについては医師が毎回強い口調で注意をしているため、禁煙に向かいつつあるようです。

さらに「定期巡回・随時対応型訪問介護看護」のサービスもはじまりました。介護スタッフまたは看護師が一日に複数回訪問し、介助や生活のサポート、医療的なケアをおこなう他、緊急時のオペレーター対応や緊急時の訪問も利用できる、24時間・365日に対応したサービスです。このサービスを利用してから散乱した室内は片付けられ、洗濯物もたまらず不衛生な状態が改善されました。

また、松尾さんの提案で敏郎さんの毎日の食事が栄養バランスのとれたものになるよう宅配弁当を届けてもらうことになりました。お弁当を直接届けてもらうことで1日のうちにまた1回、敏郎さんを見守る機会が増えることにもなりました。

足立さんは民生委員をしている仲間数名と敏郎さんに工事をお願いしていた近所の人たち、敏郎さんの妻の薫さんと花壇の手入れ作業をしていた人たちなどにも声をかけたところ、「敏郎さんと薫さんにはこれまでお世話になったから恩返しができれば」と協力してもらえることになりました。こうして、「敏郎さん宅火災予防チーム」が結成されたのです。チームのメンバーは交代で敏郎さんを訪れて様子を見守ることにしました。

ご近所の有志が集まったチームのメンバー数名と地域包括支援センターの河西さん、ケアマネジャーの松尾さんが参加しての「作戦会議」もおこなわれました。

この会議では、「敏郎さんは在宅酸素療法をしているけれど災害時の対応は十分おこなえているのか」

「万が一、敏郎さんが倒れていた場合、救急車を呼んだほうがいいのか」といった意見もありました。

この結果、災害時の備えとして念のためポータブル電源も室内に設置しておくこと、自治体の「避難行動要支援者名簿」に登載してもらうことを敏郎さんに提案することになりました。

避難行動要支援者とは、地震などの災害が発生した際などに自ら避難することが困難な人のことで、各自治体では本人の同意に基づいて避難行動要支援者名簿を作成しています。作成した名簿は、自治体関係部署、消防署、警察署、民生委員・児童委員、自治会・町会などに共有され、安否確認や避難支援などに活用されます。

また、敏郎さんには認知症が進む前の今の段階で、緊急時に救急車を呼んでほしいかどうか、必要なことを記録として残してもらうよう伝えることになりました。蘇生《そせい》（延命）

を希望せず、穏やかな最期を迎えたいなら救急車を呼ばないという選択もあるからです。

これについては「火災予防チーム」で敏郎さんの意向を確認する「じぶん介護シート」を作成しました。このシートに沿って、敏郎さんの認知機能がこれ以上低下しないうちに、自分の最期が近いときにどんな治療をしてほしいのかなど、聞いておきたいと考えています。

チームのメンバーは「敏郎さんのサポートを考えながら、これからの自分のことを考える機会にもなっている」と話しています。

敏郎さんは入れかわり立ちかわりいろいろな人が訪問するようになったことを喜んでいるようで、以前は見られなかった笑顔が見られるようになり「にぎやかでいいね」と口にするようになりました。

以前は敏郎さんのことを気にかけてひとり悶々《もんもん》としていた足立さんでしたが、周囲の協力によってそのストレスも減り、敏郎さんの笑顔が見られるようになったことに喜びを感じています。

ひとり暮らしの人にとってこのような地域の関係者のサポートが得られることは理想的でしょう。この敏郎さんのケースでは、民生委員の足立さん、地域包括支援センターの河

最期まで自宅で暮らしたい!! じぶん介護のための情報共有シート

●自分の最期が近いときに、どんな治療をしてほしいのか（複数チェック可）

- ☐ 積極的に延命治療をしてほしい
- ☐ なるべく自然な状態で見守ってほしい
- ☐ 積極的に救命治療をしてほしい
- ☐ 延命治療はしてほしくない
- ☐ 苦痛を和らげてほしい
- ☐ 救急車は呼ばないでほしい
- ☐ 自分で判断できないときは（名前　　　関係性　　　）に相談してほしい

●大切な書類（マイナンバーカード、通帳など）の保管場所

お金のこと

●介護の費用をどこから出すか

- ☐ 年金（　有　　無　）国民・厚生・障害・共済・遺族・その他
- ☐ 預貯金から（　　　　）
- ☐ 加入保険から（　　　　）
- ☐ その他（　　　　）

●お金に関する管理について

わたしに判断能力がなくなった場合は…

- ☐（名前　　　続柄　　　）にお願いする
- ☐ 成年後見人にお願いする
- ☐ 任意後見人がいる

（※後見人の名前　　　連絡先　　　）

- ☐ いないが、今後決めたい

わたしの大切にしていること

- 趣味・好きなこと
- 好きな食べ物・飲み物
- 日課
- 好きな音楽・映画・番組
- 大事にしているもの
- 好きな言葉
- わたしの大切な人

●血液型（　　型）　●アレルギー　　　●使っている薬

●かかりつけ医

（医療機関・医師名　　　診療科　　　病名　　　）

●かかりつけ医以外で、通院している医療機関・医師名・診療科・病名

医療機関・医師名	診療科	病名

「最期まで自宅で暮らす」ために、上記のようなことを考えておくとよいでしょう。
可能であれば友人や近所で頼りになる人と共有しておくと安心です。
住まいのどこかに貼っておくと緊急時や救急時に役に立つかもしれません。

西さん、ケアマネジャーの松尾さんといった「有能でフットワークの軽い人たち」に恵まれ、支援を受けられましたが、残念ながらこのような人たちがどこにでもいるわけではありません。

加えて敏郎さんが地域の人たちから温かいサポートを得られたのは、やはりこれまで地域で長年電気工事店を営み、仕事を通して地域に貢献してきたこと、亡き妻の薫さんも地域活動に参加してきたことなどがその理由でしょう。

訪問診療、介護サービスの事業者、「火災予防チーム」のメンバーのサポートによって、敏郎さんは、もうしばらくひとり暮らしが続けられそうです。

【城田敏郎さんのプロセス】

- 70代でCOPDとなり在宅酸素療法を導入
- 妻がなくなり閉じこもりがちに
- 民生委員が関係機関につなぐ
- 訪問診療や介護サービスの利用をはじめる
- 専門職や近隣住民のサポートでひとり暮らしを続ける

【敏郎さんの事例から知るポイント】

- 仕事を通して地域に貢献し、よい人間関係を築く
- 妻も地域の活動をおこなってきた
- 民生委員と知りあいになっておく
- 地域包括支援センターの訪問にも対応する
- 経済状況を素直に伝える
- ケアマネジャーからの提案を受け入れる
- 「通院が疲れる」と打ち明ける
- 医師の指導に従って禁煙の努力をする
- 介護サービスを拒まず受け入れた
- 近隣の住民との交流を続けている

あとがき

完全なるひとり暮らしではないということで、11のストーリーから除外した事例があります。彼女は長距離ドライバーの息子と2人で暮らしている80代の認知症の女性でした。当時、息子さんは仕事柄、家を空けることが多く、いわば「半ひとり暮らし」のような状況でした。私が取材で訪問したときは、ヘルパーの見守りのもと、その土地の郷土料理だという味噌焼きおにぎりを喜々《きき》としてつくっていらっしゃいました。

幼い頃から慣れ親しんできた料理を、年を重ねても、認知症になっても、自分でつくり、好きなときに頬張《ほおば》るという自由な暮らしぶりに心がほんわかし、共感したのを覚えています。

現在は高齢期の過ごし方も多様な選択ができる時代になりました。これからの自分はどこで暮らすか、介助が必要になったら誰に（どこに）相談するか——。

自宅で生活したいという望みはあるものの、迷い、自信を失いかけたときは、本書を開いて登場する11人の心の声に耳を傾けてほしいと思います。

最後になりましたが、取材にご協力いただいた方々、出版にお力添えいただきました皆々様に心から感謝申し上げます。

小山朝子 こやま・あさこ

東京都生まれ。小学生時代はヤングケアラーで、20代からは洋画家の祖母を約10年にわたり在宅で介護。この経験をきっかけに、執筆や講演、取材・調査を長年精力的に行い、介護ジャーナリストの草分け的存在に。介護福祉士の資格も有し、ケアラー、ジャーナリスト、介護職の視点からテレビなどの各種メディアでコメントするほか、ラジオのパーソナリティーをつとめるなど多方面で活躍。著書『介護というお仕事』（講談社）が2017年「厚生労働省社会保障審議会推薦 児童福祉文化財」に選ばれた。『ひとり暮らしでも大丈夫！ 自分で自分の介護をする本』（小社刊）も好評。
日本在宅ホスピス協会役員、日本在宅ケアアライアンス食支援事業委員、東京都福祉サービス第三者評価認証評価者、All About「介護福祉士ガイド」も務める。

Facebook　X（旧 Twitter）

【11の成功例でわかる】
自分で自分の介護をする本

二〇二五年四月二〇日　初版印刷
二〇二五年四月三〇日　初版発行

著　者――小山朝子
企画・編集――株式会社夢の設計社
〒一六二-〇〇四一　東京都新宿区早稲田鶴巻町五四三
電話（〇三）三二六七-七八五一（編集）
発行者――小野寺優
発行所――株式会社河出書房新社
〒一六二-八五四四　東京都新宿区東五軒町二-一三
電話（〇三）三四〇四-一二〇一（営業）
https://www.kawade.co.jp/
DTP――アルファヴィル
印刷・製本――中央精版印刷株式会社
Printed in Japan ISBN978-4-309-29484-1